インド刺繡リボンの
こものたち

宮田彩織

Indian
Embroidery
Ribbon

自由国民社

Contents

01 ターバン
作品 P.06 ／作り方 P.56

02 クロスターバン
作品 P.07 ／作り方 P.57

03 カチューシャ太
作品 P.08 ／作り方 P.58

04 カチューシャ細
作品 P.08 ／作り方 P.59

05 結び目カチューシャ
作品 P.08 ／作り方 P.60

06 シュシュ
作品 P.09 ／作り方 P.61

07 パッチンどめ
作品 P.10 ／作り方 P.62

08 ヘアゴム＜ミール皿＞
作品 P.11 ／作り方 P.63

09 ヘアゴム＜くるみボタン＞
作品 P.11 ／作り方 P.64

10 ヘアゴム＜リボン＞
作品 P.11 ／作り方 P.65

11 バンスクリップ
作品 P.12 ／作り方 P.66

12 ポニーフック
作品 P.12 ／作り方 P.67

13 くるみボタンの
キーホルダー＆かんざし
作品 P.13 ／作り方 P.68

14 マジェステ
作品 P.14 ／作り方 P.69

15 ピアス
＜刺繍リボンのタッセルピアス＞
作品 P.15 ／作り方 P.70

16 ピアス
＜くるみボタンのピアス＞
作品 P.15 ／作り方 P.71

17 ロゼットブローチ
作品 P.16 ／作り方 P.72

18 帯留め・ストールピン
作品 P.17 ／作り方 P.74

19 ピンボトル
作品 P.18 ／作り方 P.75

20 コードホルダー 作品 P.19／作り方 P.76	29 ショルダーストラップ ＜太めチュール素地刺繍リボン＞ 作品 P.26／作り方 P.87
21 バッグチャーム 作品 P.19／作り方 P.77	30 マカロンケース 作品 P.28／作り方 P.88
22 フォトフレーム 作品 P.20／作り方 P.78	31 三角コインケース 作品 P.28／作り方 P.90
23 折り畳み傘カバー 作品 P.21／作り方 P.79	32 テトラポーチ 作品 P.29／作り方 P.91
24 ティーコゼー＆マット 作品 P.22／作り方 P.80	33 マチ有ファスナー ペンケース 作品 P.30／作り方 P.92
25 ペットボトルカバー 作品 P.23／作り方 P.82	34 キーケース 作品 P.30／作り方 P.94
26 貼るだけブックカバー 作品 P.24／作り方 P.84	35 フラップペンケース 作品 P.30／作り方 P.95
27 ブックカバー （文庫本サイズ） 作品 P.25／作り方 P.85	36 ノートバンドペンポーチ 作品 P.31／作り方 P.96
28 ショルダーストラップ ＜細め刺繍リボン＞ 作品 P.26／作り方 P.86	37 ロールペンケース 作品 P.32／作り方 P.97

Contents

<u>38</u> 巾着ポーチ
作品 P.33／作り方 P.99

<u>39</u> ばね口ポーチ
作品 P.33／作り方 P.99

<u>40</u> 通帳が入るマチなし
ファスナーポーチ
作品 P.33／作り方 P.100

<u>41</u> 貼るだけジュートバッグ
アレンジ
作品 P.34／作り方 P.102

<u>42</u> 正方形通しマチミニトート
作品 P.35／作り方 P.103

<u>43</u> 巾着プチトート
作品 P.36／作り方 P.104

<u>44</u> たっぷりサイズの
フリル巾着
作品 P.37／作り方 P.106

<u>45</u> 丸型巾着ポーチ
作品 P.37／作り方 P.107

<u>46</u> フェイクレザーの
クラッチバッグ
作品 P.37／作り方 P.108

<u>47</u> スマホショルダーケース
作品 P.38／作り方 P.110

<u>48</u> サッシュベルト
作品 P.39／作り方 P.111

<u>49</u> チュールトート
作品 P.40／作り方 P.112

<u>50</u> おでかけトートバッグ
作品 P.41／作り方 P.113

<u>51</u> 裾に刺繍リボンをあし
らったギャザースカート
作品 P.42／作り方 P.116

<u>52</u> エプロン
作品 P.43／作り方 P.117

■インド刺繍リボンとは　　　　　　　　P.44
■刺繍リボンの構造　　　　　　　　　　P.45
　＜インド刺繍リボンに使われる素材＞
　・土台に使われる素材
　・刺繍に使われる素材
■品質が良いインド刺繍リボンの見分け方　P.46
■インド刺繍リボンの取扱いについて　　P.48
　＜インド刺繍リボンのお手入れについて＞
　・刺繍の部分について
　・スパンコールについて
　・洗濯について
　・アイロンについて
■インド刺繍リボンの端処理について　　P.51
■基本のアイテム　　　　　　　　　　　P.52
　・あると便利なアイテム
　・その他のアイテム
■型紙　　　　　　　　　　　　　　　　P.120

はじめに

　めくるめくインド刺繍の世界にようこそ！

　はじめまして、「刺繍リボンのお店 TRIP UTOPIA」店主の宮田と申します。

　当店は、インド直輸入の「インド刺繍リボン」を販売するオンラインショップです。

　インド刺繍リボンは、自分で刺繍ができなくても刺繍作品を作れる素敵な素材です。

　ある日インド刺繍リボンの華やかさに一目惚れした私は、夢中になって様々なデザインを探したり、インドの刺繍の歴史を調べたりしてどんどんのめり込んでいきました。

　しかし、私がインド刺繍リボンと出会った2020年ごろは、日本ではまだインド刺繍リボンを取り扱っているお店は限られた数しかありませんでした。

　そこで、「もっとたくさんのインド刺繍リボンと出会いたい！」「このときめきをたくさんの人に伝えたい！」という想いでオンラインショップをオープンしたのです。

　SNSを中心にインド刺繍リボンの魅力が広がっていくと、お客様から「インド刺繍リボンは可愛いけれど、どうやって使ったらいいか分からない……」というお声をいただくことが増えました。

　私自身はハンドメイドが大好きなので、使い道のアイデアは尽きません。

　しかし、インド刺繍リボンの美しさに魅了されたお客様は、ハンドメイドに馴染みのある方だけではありませんでした。

　そこで当店では、インド刺繍リボンを販売するだけでなく、作例やレシピをブログで公開することで、お客様と一緒に作品づくりを楽しむことを目指しました。

　この本を手に取ってくださったあなたが、インド刺繍リボンを眺めても・作品を作っても・完成品を使っても楽しい日々となるようにと想いを込めて本を作りました。

　私と一緒に、インド刺繍リボンのある生活を楽しんでいただけると嬉しいです！

刺繍リボンのお店 TRIP UTOPIA　店主

宮田　彩織

※レシピの商用利用につきましては、ハンドメイド作家さんは商用利用可能です。
レシピ自体の複製は禁止させていただきます。

01
ターバン

作り方…P.56

インド刺繍リボンのこものたち

02
クロスターバン

お出かけ時のヘアアレンジはもちろん、おうち時間のまとめ髪にも！刺繍のお花を髪にあしらって、お顔周りをパッと明るくするターバンはいかがですか？

作り方…P.57

03　04
カチューシャ太・細

シンプルだけど、豪華に仕上がるカチューシャです！
布用の強力接着両面テープを使うことで、縫わずに作ることができます。

作り方…P.58/P.59

05
結び目カチューシャ

ひとつ結び目を作るだけで、ターバンみたいなシルエットになるカチューシャです。
結び目をふんわりと整えるのがコツ！

作り方…P.60

インド刺繍リボンのこものたち

06
シュシュ

幅の広い刺繍リボンをたっぷり使い、花束のようにふんわりとしたシュシュを作りました。
ベースがチュール素材の刺繍リボンを使うことで、やわらかな仕上がりになります。

作り方…P.61

07
パッチンどめ

小さくても存在感が抜群のパッチンどめは、用尺が少ないので、インド刺繍リボンのはぎれを最後まで使い切りたいときにもおススメです。

作り方…P.62

インド刺繍リボンのこものたち

08 09 10
ヘアゴム
＜ミール皿＞
＜くるみボタン＞
＜リボン＞

インド刺繍リボンはヘアアクセサリーとの相性が最高です！
3種類のヘアゴムのレシピを用意したので、気分によって使い分けてみて。

作り方…P.63/P.64/P.65

11
バンスクリップ

インド刺繍リボンのバンスクリップでヘアアレンジのバリエーションが広がります。
サテンやグログランのリボンと合わせて作るリボン型モチーフは、色や柄の組み合わせが無限大です!

作り方…P.66

12
ポニーフック

ポニーテールにサッとかけるだけでとてもキュートなうしろ姿ができあがり。
コロンとした立体的な形が特徴です。

作り方…P.67

13
くるみボタンのキーホルダー＆かんざし

くるみボタンを2枚合わせたパーツを作ってタッセルを飾り付ければ、
コロンとしたシルエットが可愛いチャームの出来上がりです。
金具を変えれば、キーホルダーにもかんざしにもなります。
くるみボタンの形やサイズも様々に市販されているので、個性あふれるチャームを作ることができます。

作り方…P.68

14
マジェステ

インド刺繍リボンのデザインをそのまま活かしたヘアアクセサリーです。
まとめ髪に本体をかぶせ、穴にかんざしパーツを差し込んで使います。

作り方…P.69

インド刺繍リボンのこものたち

15　16
ピアス＜刺繍リボンのタッセルピアス＞＜くるみボタンのピアス＞

必要な刺繍リボンがたったの10cmとは思えない華やかなピアスは、とてもシンプルな作りになっています。実は見た目よりも軽く付けやすいですよ。

作り方…P.70/P.71

17
ロゼットブローチ

刺繍リボンを主役にして、胸元を飾るブローチを作りました。
フリルの部分にはサテンやグログランのリボンを使うことで、刺繍リボンの美しさをより一層引き立てています。

作り方…P.72

インド刺繍リボンのこものたち

18
帯留め・ストールピン

コロンとしたシルエットに一工夫！
ビーズをあしらうと、まるで宝石のよう。
帯留めにするか、ストールピンにするかは土台パーツの違いだけなのでお好みで。

作り方…P.74

19
ピンボトル

ピンクッションにボトルが付いているので、ボトル部分に収納ができます。
収納に入れるのは「仮止めクリップ」がおススメ。
お裁縫に便利な仮止めクリップはつけたり外したりの過程で散らかってしまいやすいですが、ボトルに入れておけば無くすこともありません。
もっと大きなボトルを使えば、中にハギレや端糸を入れておくこともできます。

作り方…P.75

インド刺繍リボンのこものたち

20
コードホルダー

ちょっとまとめておくだけでコードが絡まりづらく、カバンから取り出しやすくなる優れモノ。
刺繍リボンで作ると、無機質なコードも華やかになります。

作り方…P.76

21
バッグチャーム

王道のリボン型モチーフに、ボリュームのあるタッセルを飾り付けてバッグチャームにしました。
リボン型のわの部分を縫い閉じることで、リボンの裏側を見せることなく、いつでもふっくらとしたシルエットを保てるようになっています！

作り方…P.77

19

22
フォトフレーム

縫う工程は一切なし！
お気に入りの刺繍リボンを選んでフォトフレームに入れるだけで、
豪華なインテリアを作ることができます。
お部屋にお花を飾るように、刺繍リボンのフォトフレームを飾って楽しんで。

作り方…P.78

23
折り畳み傘カバー

濡れた折り畳み傘をしっかりカバーし、憂鬱な雨の日にも花を添えられます。
使用後は大きくひらいて乾かしやすくなっています。
カン付きなので、持ち手を付ければ取り回しもばっちりです。

23　作り方…P.79

24
ティーコゼー&マット

お花を飾ってのティータイムはちょっと憧れる午後の過ごし方。
そんな情景に思いをはせながら、おうちカフェ気分でティーウェアに刺繍リボンのお花を添えるのはいかがでしょうか。

作り方…P.80

25
ペットボトルカバー

ペットボトルに華やかなカバーを付けてあげれば、
積極的に水分補給したくなるかも。
お気に入りの刺繍リボンと一緒に日差しを浴びながら、楽しいお出かけへいってらっしゃい！

作り方…P.82

26
貼るだけブックカバー

目に入ると、思わず本を手に取りたくなるブックカバーができました。
本を読んでいる間ふと指先に触れる、刺繍のつややかさやふわふわの感触
が心地良く、読書の時間を楽しいものにしてくれます。縫わずに、気軽に作
れます。

作り方‥ P.84

インド刺繍リボンのこものたち

27
ブックカバー（文庫本サイズ）

おでかけのお供に、バッグにサッと本を忍ばせる……
そんなとき欲しくなるのがブックカバー。
本を守ってくれるだけでなく、お気に入りのデザインだと気分も上がります。
こちらは、好きな布地と刺繍リボンを組み合わせて作れます。
　　　※このブックカバーでは「右開きの本（縦書き）」を想定しています。

作り方…P.85

28 29
ショルダーストラップ
＜細め刺繍リボン＞＜太めチュール素地刺繍リボン＞

刺繍リボンは、その名の通りリボン状のパーツです。
その細長い形状を活かして作ったショルダーストラップは、ちょっとした
ポシェットやスマートフォンを提げるのにぴったり！
このストラップを身に着けると、可愛さに気づいてほしくてちょっぴり姿
勢よく歩きたくなります。

作り方…P.86/P.87

インド刺繍リボンのこものたち

30
マカロンケース

手のひらサイズの可愛いお菓子、マカロンを
モチーフにした小さなケースを刺繍リボンで
作りました。
アクセサリーのような小さなものも、これでも
うなくしません！

作り方…P.88

31
三角コインケース

短くなった刺繍リボンも、縫い合わせることで
活躍の場が広がります！
どんな組み合わせにするかによって雰囲気が
ガラッと変わります。あなたが選んだ刺繍リボ
ンの組み合わせで、世界に一つだけの素敵
なコインケースを作ってみてください。

作り方…P.90

インド刺繍リボンのこものたち

32
テトラポーチ

ころんとしたシルエットが可愛い三角形の
ポーチができました！
基本的なファスナーポーチの「わきのとじ方」
をひと工夫するだけで、立体的な作品を作る
ことができます。

作り方…P.91

33
マチ有ファスナーペンケース

マチのおかげで中に物を入れてもシルエットが変わらず、刺繍リボンの柄を満喫できるペンケースです。

作り方…P.92

34
キーケース

金属パーツと相性の良い刺繍リボンの特徴を生かしたキーケースは、幅広の刺繍リボンを大胆に使います！総柄の刺繍がよく映えるデザインをお楽しみください。

作り方…P.94

35
フラップペンケース

ばねホックで開閉できる、フラップが可愛い縦長タイプのペンケースができました。布地との色合わせにもワクワクします。

作り方…P.95

インド刺繍リボンのこものたち

36
ノートバンドペンポーチ

ポケット&ファスナー付きのノートバンドは可愛いだけでなく、ペンを差したりふせんなどの小物を収納したりと、ちょっと気が利く便利なアイテム。
B6〜A5サイズに対応しているので、手帳やノートに装着することができます。

作り方…P.96

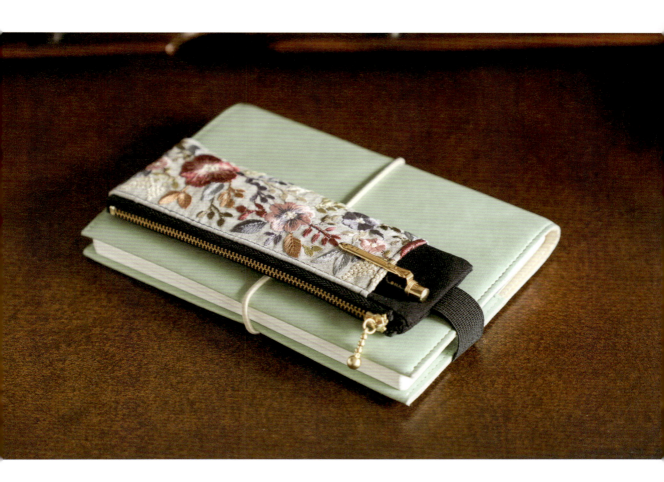

37
ロールペンケース

手の口でくるくると巻いたりほどいたり、あしらった刺繍リボンを眺めたくて、ついそんな動きを繰り返したくなってしまうロールペンケースです。
ペンだけでなく、かぎ針や筆のような道具も収納することができます。

作り方···P.97

インド刺繍リボンのこものたち

38　39
巾着ポーチ／ばね口ポーチ

下ごしらえなし＆直線縫いのみなので、とてもスピーディーに完成できます。
手づくりの巾着ポーチは、ちょっとしたプレゼントにもおススメです。

作り方…P.99

40
通帳が入るマチなしファスナーポーチ

幅の広い刺繍リボンを使えば、通帳にぴったりサイズのポーチが作れます！

作り方…P.100

41
貼るだけジュートバッグアレンジ

刺繍リボンで最も気軽に作れて、最も普段使いしやすいアイテムと言っても過言ではないのがこのジュートバッグ。
「どんなデザインにする?」「ほかにどんな素材と組み合わせる?」
考えるだけでドキドキしてしまいます。
完成したら、たくさんおでかけに連れて行ってあげてください!

作り方…P.˜02

インド刺繍リボンのこものたち

42
正方形通しマチミニトート

正面から見るとシンプルなミニトートですが、
横から見ると……
通しマチが全面刺繍リボンになっていてとても
華やかなんです！

作り方…P.103

43
巾着プチトート

巾着型のポシェットはマチたっぷり。
持ち手を手首にちょいと引っかけたら、お出かけしたくてそわそわしてしまいます。

作り方…P.104

インド刺繍リボンのこものたち

44
たっぷりサイズのフリル巾着

袋口のフリルにときめく、たっぷりサイズの巾着は裏地付きの本格仕様。
どんな刺繍リボンを飾るのかはあなた次第です！

作り方…P.106

45
丸型巾着ポーチ

刺繍リボンから切り出した刺繍のモチーフをワッペンのように使って飾り付ける、丸い形が可愛い巾着ポーチです。
巾着自体に刺繍リボンを縫いこまないことでお裁縫の難易度はおさえめになっているので、飾りつけに集中できます！

作り方…P.107

46
フェイクレザーのクラッチバッグ

大胆なリボンのデザインも、フェイクレザーと組み合わせることで甘くなりすぎず、クールに決まります。

作り方…P.108

47
スマホショルダーケース

ちょっとしたポケットのように使える、シンプルなスマホショルダーケース。
季節に合わせて何パターンか作っておくと、お散歩がより楽しくなりますよ！
気軽に作れるように、少し厚みのある布地を使って接着芯を省略しました。
刺繍リボンの飾りつけも、手芸用接着剤を使ってOKです！

作り方…P.110

インド刺繍リボンのこものたち

48
サッシュベルト

サッと巻いてちょっと結ぶだけで楽しめるベルトです。
刺繍リボンに穴をあけずに使えるのが良いところ！
長さはお好みで、もっと長くしても。

作り方…P.111

49
チュールトート

ハードチュール生地×チュール素地の刺繍リボンで
透け感を楽しむバッグです。
バッグの中身が透けるので、巾着と組み合わせて
使うのがおススメ！

作り方…P.112

50
おでかけトートバッグ

オーソドックスなトートバッグのポケットに、刺繍リボンを詰め込みました！
複数の刺繍リボンを使うので、どんな組み合わせにするかはあなた次第。
帆布の差し色との色合わせも楽しんで。

作り方…P.113

51
裾に刺繍リボンをあしらった ギャザースカート

110cm幅の布を使えば、裁断もらくちん。
たっぷりのギャザーのふんわり感を、刺繍リボンの重さで引き締めて。
刺繍リボンは、お洗濯をしても長く楽しめるように「スパンコールなし」のものがオススメです。

作り方…P.116

52
エプロン

私自身もお仕事中に使っています!
刺繍リボンの検品や作例づくりのお仕事では、
立ったり座ったり動き回るので、足周りが自由に
なるよう大きなスリットを入れています。

作り方…P.117

インド刺繍リボンとは

細長い布地にカラフルできらびやかな刺繍が施された「インド刺繍リボン」は、インドの女性が身にまとう象徴的な衣装「サリー」のふち飾りとして誕生しました。

「インド刺繍リボン」は、ゾロアスター教徒の中でも、インドに移住した「パールシー」と呼ばれる人々に深い関係があります。まだサリーがインド女性の象徴的な衣装となる前の19世紀末ごろに、いち早く西洋との貿易に注力し栄華を築いた、パールシーの商人の妻たちが流行させた「パールシー・サリー」がインド刺繍リボンの起源です。

19世紀末の西洋では、中国風や日本風の東洋趣味的なデザインが流行していました。
西洋の流行に敏感になっていたパールシー商人たちはそれを受け、中国の職人に「シノワズリー」の刺繍が入った豪華なサリーを作らせたり、イギリスから西洋風の刺繍やレースのサリーを持ち込んだりしたのです。
西インドの中流階級の女性たちがそれらのような「パールシー・サリー」を流行させたことをきっかけの一つとして、サリーのデザインや着方が次第に定着し、今日の「インド女性の象徴としてのサリー」を確立するに至りました。

現在では手刺繍のパールシー・サリーは数が少なく、インドでもとても貴重なものとなっています。
しかし、パールシー・サリーのデザインはサリーのふち飾り「サリーボーダー」（インド刺繍リボン）として受け継がれ、さらにインド各地の伝統的な刺繍のデザインを多彩に取り込みながら、美しい装飾用のパーツとして流通しています。

▲色、柄、形もさまざま

インド刺繍リボンの構造

インド刺繍リボンは、現在では基本的にミシンによって生産されています。

巨大な刺繍ミシンで大きな布一面に刺繍を入れたあと、手作業で布をリボン状にカットします。

そして布の上下のふちは折りたたまれ、おさえミシンをかけるという工程を経て完成します。

＜インド刺繍リボンに使われる素材＞

── 土台に使われる素材 ──

①**布地**：ポリエステル（もしくはレーヨン混）素材の、やや光沢のある薄手の生地です。布地のインド刺繍リボンは、刺繍ミシンをスムーズにかけるための「下紙」が当てられていることが多いです。下紙には不織布、薄手の紙、厚手の柔らかい紙などが使われています。

②**チュール素地**：目の細かいやわらかなメッシュ地で、カラーバリエーションが豊かです。ポリエステル製が主流です。

③**オーガンジー素地**：細く透明感のある糸を織り込んだ、独特のシャリ感がある薄い生地です。きなりかブラックのものが多いです。こちらもポリエステル製が主流です。

④**ベルベット**：起毛している生地で、金色の刺繍糸で飾られていることが多いです。日本ではあまり流通していませんが、時折セラーが扱っています。

── 刺繍に使われる素材 ──

①**レーヨン糸**：光沢があり、発色の良い細い刺繍糸です。様々な色があります。

②**コットン糸**：レーヨンよりやや太めのやわらかな刺繍糸で、刺繍が密集した箇所は立体感が出ます。白色が多いですが、色がついているものもあります。

③**メタリック糸**：金銀のテープ状のフィルムの刺繍糸、もしくはそれが芯糸に巻き付けられている刺繍糸です。金色が多いですが、ピンクゴールドやシルバーもあります。

④**スパンコールやパール、ビーズ**：職人が一つ一つ手作業で取り付けています。ビーズ刺繍だけで作られる総手刺繍の高価なリボンもあります。

品質が良いインド刺繍リボンの見分け方

インド刺繍リボンの刺繍箇所はミシンで縫われていますが、繊細な刺繍を行うミシンの調子は狂いやすいだけでなく、スパンコールのような装飾パーツの取り付けにもしばしば乱れが見られるため、品質にムラがあります。
日本でも取扱店の検品レベルによって品質に差があるので、インド刺繍リボンを購入するときは自分の目で確認をするか、品質管理をきちんとしているお店から購入するのがベストです。

品質が良いインド刺繍リボンを見分けるポイント

- 刺繍が欠けたり乱れたりしていないか
- 刺繍の表側に下糸が出てきていないか
- 布地に穴が開いていないか
- 汚れがないか
- スパンコールなどの装飾に欠落がないか

悪い例

刺繍が欠けている、乱れている

下糸が表側に出てきている

布地に穴が開いている／ふちが縫えていない

汚れがある

装飾に欠落がある

インド刺繍リボンの取扱いについて

＜インド刺繍リボンのお手入れ＞
インドからやってくる刺繍リボンは、海外品ならではの品質のぶれがあります。
一見すると品質の問題に見える部分も、簡単なお手入れで整えられる場合があります。

刺繍の部分について

インド刺繍リボンはデザインによって、表や裏に「余分な糸」がとび出ていたりわたっていたりすることがあります。
これらは見た目にも乱れて見えるだけでなく、ひっかけてしまうとほつれの原因にもなります。

インド刺繍リボンが手に入ったら、最初にこの処理が必要かどうか確認してお手入れをしましょう。

刺繍糸がつながってしまっている部分や、切れた刺繍糸が出てしまっている部分は、糸の根元をカットして整えます。
これらは製造の過程でカットされるべきものなのですが、使われている刺繍糸の色数が多いデザインの場合や、細かい柄が多いデザインの場合に残されていることがあります。

また、刺繍がゆるんでいて引っかけてしまいそうな場合は、刺繍裏側の下糸を目打ちで拾い、やさしく引っぱることで直せる場合があります。
しかし、下糸を引いても直せない場合や、大きくゆるんでしまっている場合は根元でカットします。

スパンコールについて

スパンコールの向きがおかしい場合

うろこのように一方向に流れがあるスパンコールの一部が乱れている場合があります。

しかしこれは「スパンコールの向きが変わってしまっている」だけで、縫製自体に問題はありません。

見つけたら、スパンコールをなでるようにして向きを整えてください。

強く引っ張ると布地を傷め、スパンコールが取れてしまう原因になるので優しく扱ってください。

スパンコールにとげが出ている場合

刺繍リボンのスパンコールは、一つ一つがずらりとつながった状態から切り離して縫い付けられています。

そのため、スパンコールのカットが甘く「トゲ」が出てしまうことがあります。

トゲが引っかかると、ひっかけられた方も刺繍リボンの方もダメージを受けてしまうので、トゲを見つけたらはさみでカットするお手入れをしてください。

お仕立て前の下ごしらえの一環として行うことをおすすめします。

スパンコールのとげをカットする際は、小回りがききやすい刃が小さなはさみを使うとやりやすいです。

▲購入後、まずは
　チェックとお手入れを。

洗濯について

インド刺繍リボンは洗うことが可能です。

しかし、インド刺繍リボンはレーヨン素材を含んでいたり、スパンコールが付いているものがあったりするため、洗濯には注意が必要です。

洗濯方法

1. たっぷりの水を用意し、おしゃれ着用洗剤を用いて、優しく手で押し洗いします。
2. ２回ほどよくすすいで、全体を押すようにして脱水します。タオルで挟んで水気を取ります。
3. 形を整えて陰干しします。

※刺繍が変質する原因となる「水分」に触れている時間を極力短くするため、洗濯は手早く行ってください。

※インド刺繍リボンは繊細なため、強くこすったり、絞ったりしないでください。刺繍箇所が縮んでしまったり、色落ちやスパンコールが変質したりする可能性があります。

アイロンについて

インド刺繍リボンについたしわを取る時や、接着芯を貼る時は、以下の３つを守ってください。

1. 設定温度は中温にする

高温にすると素材が変質してしまう可能性があるため、設定温度は中温にしてください。

2. 当て布を使用する

アイロンが直接触れると刺繍の光沢が失われてしまう可能性があるため、必ず当て布を使用してください。

3. スチームは使わない

レーヨンが含まれているインド刺繍リボンは熱と水分に弱いので、ドライのまま使用してください。

インド刺繍リボンの端処理について

端処理は、カットしたところから刺繍や布地がほつれないようにするために行います。
チュール素地は布地がほつれる心配がないので、刺繍の部分だけほつれ止めを行えばOK
です。

端処理の方法

①インド刺繍リボンの端を折り返す
最もかんたんな端処理は、インド刺繍リボンの端を折り返して接着、もしくは縫ってしまうこと
です。
これは、インド刺繍リボンを貼り付けて装飾する場合に使いやすい方法です。
刺繍リボンの土台が布地の場合や刺繍が分厚いデザインの場合、折り返した部分に厚みが
出てしまうので、この方法は厚みが出ても差し支えない場所に使います。

②ミシンを使う
インド刺繍リボンは一般的な布地と同じように、ロックミシンやジグザグミシンをかけることで端
処理ができます。
作品を仕上げたとき、インド刺繍リボンの端が表から見えない部分にくるときに使用します。

③ほつれ止め液を使う
ほつれ止め液は、布地に染みこんで固まることで糸のほつれを防ぐアイテム
です。
カットした部分にほつれ止め液を染みこませるようにして塗り、完全に乾
けば端処理が完了します。
ほつれ止め液を使った端処理は、刺繍リボンを貼り付けて装飾をしたい
が厚みを出したくない場合に使います。

注意点

ほつれ止め液を使用すると塗った箇所の色が濃くなったり、固くなったりすることがあり
ます。
また、ほつれ止め液を使用する場所にステッチが長い刺繍が重なる場合、うまく固まら
ないことがあります。

基本のアイテム

お好きな
インド刺繍リボン

刺繍リボンは様々な素材や幅のものがあります。
作りたい作品のイメージに合わせて選んでください。

裁ちばさみ

刺繍リボンと合わせる布地を切るときに使います。
裁ちばさみで刺繍リボンを切ると刃を傷めてしまうので、布専用のはさみとします。

糸切りばさみ

サッと握りやすい形をしており、お裁縫中に糸を切るためのはさみです。

クラフト用はさみ

刺繍リボンを切るときに使う、手芸や工作用のはさみです。研ぎ直しができるタイプのクラフト用はさみを選ぶと長く使えます。

縫い針・まち針・
ピンクッション

縫い針は普通地用もしくは厚地用のものを、作りたい作品の厚みに合わせて選んでください。マチ針は薄手〜普通地の布地を仮止めするのに使います。布地が重なって厚みが出るときは、後述の仮止めクリップを使用します。

リッパー

刺繍リボン裏側の縫い目をほどくときや、縫い間違えた部分をほどくときに使います。

アイロン

刺繍リボンは高温に弱いため、温度調節ができるアイロンを選んでください。
作品づくりの中で、パーツにアイロンをかけて形を整えたり、接着芯を貼ったりするときに使います。

糸
（手縫い糸またはミシン糸）

布地や刺繍リボンの色に合わせた糸を使うと仕上がりがワンランクアップします。
針と合った太さの糸を選んでください。

52

定規

布小物を作る場合、30cm～60cmの定規があれば十分です。

メジャー

バッグの持ち手の長さや洋服の丈の長さを決めるときにあると便利です。

チャコペンシル

消すことができる印付け用の色鉛筆です。シャープペンシル型やマーカータイプのものもありますが、刺繍リボンは凸凹が多いため、鉛筆タイプが使いやすいです。

ほつれ止め液

刺繍リボンの切りっぱなしの部分をほつれにくくするための道具です。サラサラした糊のような液体で、塗った箇所を固めて使います。

布用接着剤

布同士の接着に特化した接着剤です。

多用途接着剤
（金属と布が接着可能なもの）

布と布以外のパーツを接着する際に使います。
とくに金属との接着が可能な接着剤を用意しておくと、刺繍リボンの作品作りに便利です。

目打ち

作品の角の部分を整えるのに使います。
指では難しいちょっとしたことに使えるので、1本あると重宝します。

ミシン
（手縫いでも可）

レシピのほとんどが手縫いで制作できますが、ミシンがあるとより様々な作品を作れるようになります。
刺繍リボンでの作品づくりは厚みが出やすいので、ミシンのパワーがあるとスムーズです。

あると便利なアイテム

布用強力接着両面テープ
布の接着に特化した両面テープです。
洗濯をしないアイテムとの相性が良いです。

糸通し
針に糸を通す作業が楽になります。

刃の小さなはさみ
スパンコールの乱れや余分な糸の処理など、刺繍リボンのお手入れ時に役立ちます。

手芸用クリップ
厚みがあってマチ針が使えない箇所や、接着剤が乾くまでの仮止めに使います。
様々なサイズが売られているので、複数あると便利です。

指ぬき
手縫いで針を進めるときに使います。

紐通し
はさみ式・玉付きの2種類があります。
平ゴムのような幅のあるパーツを通すときにははさみ式を、ヘアゴムのような細いパーツを通すときは玉付きの紐通しを使います。

ペンチ
アクセサリーを作るときに使います。
丸カンやわに口パーツの開閉に必要になります。

不要な布きれ
アイロンの当て布として使ったり、金属パーツ（ワニ口パーツ）を包んでキズ防止のために使ったりします。
着古した衣類や、使わなくなった布のはぎれが活用できます。

その他
レシピによって接着芯や金具などの副資材

How to make
52 item

01 ターバン

完成サイズ　頭匝約54cm

【材料と道具】
- 幅7cm程度のインド刺繍リボン 46cm
- ヘアゴム 40cm
- 裁縫道具
- 紐通し（はさみ式）
- 仮止めクリップ

【作り方】

1. 刺繍リボンの両端を図のように折り畳む

2. 端を2回折り、ヘアゴムを通す部分を縫う

3. ヘアゴムをクロスさせながら刺繍リボンの端に通し、ゴムの結び目を刺繍リボンの穴の中に隠す

02 クロスターバン

完成サイズ　頭囲約54cm

【材料と道具】
- 幅8cmの刺繍リボン 44cm
- 薄手の布地 44cm×26cm
- 2cm幅の平ゴム 18cm
- 裁縫道具
- アイロン
- 紐通し（はさみ式）　・はさみ

【作り方】

1. 布地パーツをつくる

a. 布地を44×18cm（A）、35cm×8cm（B）にカットする

b. 布地（A）（B）ともに短辺を半分に折り、1cm縫いしろをとって長辺を縫う

c. 布地（A）（B）を裏返し縫いしろを端に寄せ、アイロンをかけて整える

2. パーツを組み立てる

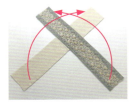

a. 図のように刺繍リボンと布地（A）を重ね、布地→刺繍リボンの順で折りたたむ

b. 布地（A）パーツの端を3cmになるよう3つ折りにし、縫いしろ1cmで平ゴムを縫い付ける

c. 布地（B）の両端を内側に1cm折り返す

d. 布地（B）に平ゴムを通す

e. 布地（B）で布地（A）の端をくるんで縫う

f. 刺繍リボンの側も同様に3cmの3つ折りにし、平ゴムを縫い付ける

g. 布地（B）でくるんで縫う

03 カチューシャ太

【材料と道具】
- 5cm幅のインド刺繍リボン カチューシャ土台と同じ長さ
- 3cm幅のカチューシャ土台 1本
- 1.9cm幅のグログランリボン 47cm
- チャコペン
- 布用強力接着両面テープ
- はさみ ・リッパー

【作り方】

1. 刺繍リボンを準備する

2. カチューシャ土台を準備する

a. 刺繍リボン裏側の縫い目をほどく

b. 刺繍リボンの裏側にカチューシャを当ててチャコペンで型をとる

c. チャコペンの線の外側1cmの位置で刺繍リボンをカットする

カチューシャ土台の内側に両面テープを貼り付ける

3. グログランリボンを準備する

a. 33cm×1本、7cm×2本にグログランリボンをカットする

b. 33cmにカットしたグログランリボンに両面テープを貼り付ける

c. 7cmにカットしたグログランリボン2本に図のように両面テープを貼り付ける

d. 縦向きの両面テープの剥離紙をはがして折り返し、折り返した部分に両面テープを貼る

4. パーツを組み合わせる

a. カチューシャ土台の表側を刺繍リボンでくるみ、内側に貼り付ける

b. カチューシャ土台の内側にグログランリボン（33cm）を貼り付ける

c. カチューシャの両端をグログランリボン（7cm）でくるむ

※グログランリボンの切りっぱなし側が下に、折り返してある側が上にくるようにする

04 カチューシャ細

【材料と道具】
- 3cm幅のインド刺繍リボン カチューシャ土台と同じ長さ
- 1.5cm幅のカチューシャ土台 1本
- 1.9cm幅のグログランリボン 10cm
- 布用強力接着両面テープ
- はさみ

【作り方】

1. カチューシャ土台を準備する

2. グログランリボンを準備する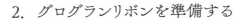

カチューシャ土台の表面に両面テープを貼り付ける

a. グログランリボンを5cm×2本にカットする

b. グログランリボン2本に図のように両面テープを貼り付ける

3. パーツを組み合わせる

c. 縦向きの両面テープの剥離紙をはがして1cm折り返し、折り返した部分に両面テープを貼る

a. カチューシャ土台の表側に刺繍リボンを貼り付ける

b. カチューシャの端をグログランリボンでくるむ

※グログランリボンの切りっぱなし側が下に、折り返してある側が上にくるようにする

05 結び目カチューシャ

【材料と道具】
- 6cm幅のインド刺繍リボン 50cm
- 1.5cm幅のカチューシャ土台 1本
- 1.9cm幅グログランリボン 16cm
- 布用強力接着両面テープ
- はさみ

【作り方】

1. カチューシャ土台を準備する

カチューシャ土台の両端に両面テープを貼り付ける

2. グログランリボンを準備する

a. グログランリボンを8cm×2本にカットする

b. グログランリボン2本に図のように両面テープを貼り付ける

c. 縦向きの両面テープの剥離紙をはがして1cm折り返し、折り返した部分に両面テープを貼る

3. 刺繍リボンの準備をする

刺繍リボンを好きな位置で、緩めに一回結ぶ

4. パーツを組み合わせる

a. 刺繍リボンの結び目にカチューシャ土台を通す

b. カチューシャ土台からはみ出したリボンをカットする

c. カチューシャ土台の端に貼った両面テープの剥離紙を剥がし、刺繍リボンを接着する

d. カチューシャ土台の端にグログランリボンを巻く

e. 結び目を整える

※グログランリボンの切りっぱなし側が下に、折り返してある側が上にくるようにする

06 シュシュ

【材料と道具】
- 幅10cmの刺繍リボン（ベースがチュール素材のもの）50cm
- ヘアゴム 20cm
- 裁縫道具
- 紐通し

【作り方】

1. 刺繍リボンを準備する

刺繍リボンの裏側の縫い目をほどく

2. 刺繍リボンを縫う

a. 刺繍リボンを中表に二つ折りにし、布端から1cmのところを縫って輪のかたちにする

b. 中表の状態のまま、手前側の刺繍リボンを丸めるように折りたたむ

c. 下側の刺繍リボンで丸めた部分を包むように折りたたみ、端を縫いしろ1cmで縫う

※このとき、内側のリボンを一緒に縫わないように注意

d. 畳んだ部分が縫い終わったら一度縫うのを止めて、筒状になっている刺繍リボンの内側からまだ縫っていない部分を引き出し、3cm程度の返し口を残して一周縫う

3. ヘアゴムを通す

a. 返し口から表に返し、紐通しを使ってヘアゴムを通して結ぶ

b. 返し口をコの字縫いでとじ、形を整える

ここでは10cm幅の刺繍リボンを使用していますが、刺繍リボンは5cm幅程度まで同じ作り方で作ることができます。刺繍リボンの太さを変えると、仕上がりのボリュームとフリルの雰囲気が変わります。

07 パッチンどめ

【材料と道具】
- 刺繍リボンのはぎれ パッチンどめより一回り大きいサイズ
- フェイクレザーのはぎれ パッチンどめと同じくらいのサイズ
- 飾りのないパッチンどめ 1つ
- 裁縫道具
- チャコペン
- 多用途接着剤　・はさみ

【作り方】

1. 刺繍リボンの準備をする

a. 刺繍リボン裏側の縫い目をほどく

b. 刺繍リボンの裏側にパッチンどめを乗せ、チャコペンで形を写す

c. 線の外側1cmの位置で刺繍リボンをカットする

2. フェイクレザーのパーツを作る

a. フェイクレザーの裏側にぱっちんどめを乗せ、チャコペンで形を写す

b. 線よりも一回り小さくカットする

c. フェイクレザーにパッチンどめの足を差し込むための切れ込みを入れる

3. パーツを組み合わせる

a. 刺繍リボンのふちから約5mmのところをなみ縫いで一周する

b. 糸を引いてぱっちんどめをくるむ

※表の刺繍リボン布地がピンと張るくらいぴったりになるようにする

c. フェイクレザーに接着剤をつけ、切れ込みにぱっちんどめの足を差しこんで接着する

08 ヘアゴム＜ミール皿＞

【材料と道具】
- ヘアゴム付きミール皿 1個
- インド刺繍リボン ミール皿よりも大きいサイズ
- 多用途接着剤
- チャコペン
- はさみ
- 目打ち

【作り方】

a. インド刺繍リボンの裏側にミール皿を乗せ、ミール皿の形に合わせてチャコペンで印をつける

b. 刺繍リボンをカットし、ミール皿にぴったり合うように形を整える

c. ミール皿の内側にまんべんなく接着剤を塗り、ふちの部分までしっかりと接着剤をいきわたらせる

d. 刺繍リボンを貼り付け、目打ちで刺繍リボンの端をしっかりとミール皿の内側に押し込む

09 ヘアゴム＜くるみボタン＞

【材料と道具】
- 幅6cmの刺繍リボン 6cm
- 直径40mmのくるみボタンパーツ 1枚
- フェイクレザー 4cm角
- ヘアゴム用パーツ 1個 ・ヘアゴム 15cm程度
- 多用途接着剤　・裁縫道具
- チャコペン　・はさみ

【作り方】

1. 裏側パーツを作る

a. フェイクレザーにくるみボタンを乗せ、チャコペンでくるみボタンの形に印をつける

b. 印の5mm内側をカットする

c. フェイクレザーの中心から左右5mmの位置に3mmの切れ込みを2か所入れる

d. ヘアゴムを切れ込みに通し、裏側で端を結ぶ

2. 刺繍リボンでパーツを作る

3. パーツを組み合わせる

a. 刺繍リボンの裏側にくるみボタンを乗せ、チャコペンでくるみボタンの形に印をつける

b. 印の1cm外側をカットする

c. 刺繍リボンのふちから5〜7mmのところをなみ縫いで一周し、くるみボタンを中に入れて糸をしぼる

くるみボタンパーツの裏側に接着剤を塗り、1.のパーツと接着する

※くるみボタンは凸の方が外側で、凹のほうが内側
※このとき、刺繍リボンがくるみボタンの表側でピンと張っている状態にする。刺繍リボンが触ると動いてしまうようなゆるい状態の場合は、さらに2周、3周と縫ってしっかりと固定する

10 ヘアゴム＜リボン＞

【材料と道具】
- 5cm幅の刺繍リボン 30cm
- ヘアゴム（好きな大きさの輪に結んでおく）
- 布用接着剤
- ほつれ止め液
- はさみ

【作り方】

a. 刺繍リボンを22cm（A）と8cm（B）にカットする

b. 刺繍リボンを畳んで接着する
22cm（A）：長辺を左右から折りたたみ、真ん中で突き合わせた状態で接着する
8cm（B）：短辺を左右から折りたたみ、真ん中で突き合せた状態で接着する

c. （B）の刺繍リボンの両端にほつれ止め液を塗る

d. （A）の刺繍リボンを裏側から見て山−谷−山となるように折りたたみ、谷の部分にヘアゴムをはさむ

e. （B）の刺繍リボンを（A）の刺繍リボンの中心に巻きつけて接着する
刺繍リボンの端は1cmほど重ねて接着する

11　バンスクリップ

【材料と道具】
- 幅6cmの刺繍リボン 16cm 1本
- 幅3cmのサテンリボン 34cm 2本
- 幅1cmのグログランリボン 8cm 1本
- 幅5.5cmのバンスクリップ土台 1つ
- 布用接着剤　・布用強力接着両面テープ
- はさみ

【作り方】

1. 刺繍リボンを準備する

2. リボンの形を作る

34cmのサテンリボンを17cm×2本にカットする

a. 刺繍リボンとサテンリボンを左右からたたみ、中心で接着する

b. 刺繍リボンの裏側中心に接着剤を塗り、並べたサテンリボンの上に接着する

c. 刺繍リボンとサテンリボンを表から見て「谷−山−谷」となるようにまとめて折りたたむ

3. リボンをヘアクリップ土台に接着する

d. 折りたたんだ中心にグログランリボンを巻き、裏側で谷になっている部分に端を差し込んで接着剤で留める

※接着剤が乾くまでしっかりと固定する

e. 刺繍リボンとサテンリボンの輪の部分を接着剤で接着する

a. ヘアクリップ土台の側面（両側）に両面テープを貼る

b. サテンリボンの部分を土台に貼り付ける

12 ポニーフック

インド刺繍リボンのこものたち

完成サイズ　5cm×6cm

【材料と道具】
- 5cm幅のインド刺繍リボン 29cm
- ポニーフック1cm×3.2cm 1個
- 多用途接着剤
- 裁縫道具
- はさみ

【作り方】

1. リボンの形を作る

a. 刺繍リボンを22cm（A）と7cm（B）にカットする

b. 刺繍リボンをたたんで接着する
22cm（A）：長辺を左右から折りたたみ、真ん中で突き合わせた状態で接着する
7cm（B）：短辺を左右から折りたたみ、真ん中で突き合わせた状態で接着する

c. （A）の刺繍リボンの中心を、表から見て「谷-山-谷」となるようにたたむ

2. パーツを組み合わせる

d. 折りたたんだ中心に（B）の刺繍リボンを巻き、裏側で接着する

a. リボンの裏側に接着剤を塗り、ポニーフックのパーツを接着する

b. ポニーフックのわきにある小さな穴に刺繍リボンを縫い付け、正面からリボンの形を整える

13 くるみボタンのキーホルダー&かんざし

【材料と道具】
- 好きな大きさのくるみボタンパーツ 2枚（キーホルダーの場合直径4cm、かんざしの場合直径3cm推奨）
- くるみボタンパーツの直径+2cm四方のインド刺繍リボン 2枚
- タッセルパーツ 1個　・丸カン 2個
- キーホルダーパーツ（もしくはかんざしパーツ）1個　・布用接着剤
- 裁縫道具　・洗濯ばさみ　・ペンチ　・チャコペン

【作り方】

1. 金具の準備をする

2. くるみボタンパーツを作る

a. タッセル頂点の結んである糸の部分に丸カンを取り付ける

b. キーホルダーパーツに丸カンを取り付ける

a. 刺繍リボンの裏側にくるみボタンを乗せ、チャコペンでくるみボタンの形に印をつける

b. 印の1cm外側をカットする

3. パーツを組み立てる

c. 刺繍リボンのふちから5〜7mmのところをなみ縫いで一周し、くるみボタンを中に入れて糸をしぼる

d. 同じパーツを2個作る

a. 片方のくるみボタンパーツの上下に、「1.」で準備したパーツの丸カン部分を縫い付ける

b. 片方のくるみボタンパーツの刺繍リボンの部分に接着剤を塗り、2つのパーツを合わせて接着し、接着剤が完全に乾くまで洗濯ばさみで固定する

※くるみボタンは凸の方が外側で、凹のほうが内側
※このとき、刺繍リボンがくるみボタンの表側でピンと張っている状態にする。刺繍リボンが触ると動いてしまうようなゆるい状態の場合は、さらに2周、3周と縫ってしっかりと固定する。

14 マジェステ

【材料と道具】
- 幅5cm程度の刺繍リボン 12cm
- フェイクレザー 4.5cm×9.5cm　・7mmハトメ金具 2個
- かんざしパーツ（1カン付きタイプ）1本
- タッセル 1個　・丸カン 1個　・穴あけポンチ
- ハトメ打ち具　・多用途接着剤　・裁縫道具　・ペンチ
- 仮止めクリップ

【作り方】

1. かんざしパーツを作る

2. 本体パーツを作る

タッセル頂点の結んである糸の部分に丸カンを通し、かんざしパーツに取り付ける

a. 刺繍リボンの切りっぱなし部分を裏側に1cm折り返して多用途接着剤で接着する

b. フェイクレザーに多用途接着剤を塗り、刺繍リボンの裏側に貼り付ける。接着剤が乾くまで、仮止めクリップで固定する

3. ハトメ金具を取り付ける

a. 本体パーツの端から2cmの位置2か所に穴あけポンチで穴をあける

b. ハトメ打ち具を使ってハトメ金具を取り付ける

c. かんざしパーツをセットする

15 ピアス＜刺繍リボンのタッセルピアス＞

【材料と道具】
- 5cm幅のインド刺繍リボン10cm（1ペア分）
- わに口パーツ 2つ
- ピアスパーツ 1ペア
- 丸カン 2つ　・はさみ
- チャーム 2つ
- ペンチ　・目打ち　・不要な布きれ

【作り方】

1. 刺繍リボンのタッセルを作る

a. わに口パーツの口をペンチで少し広げる

b. 刺繍リボンを5cmにカットする

c. 刺繍リボンを半分に折り、画像のようにたたむ

d. たたんだ山をつぶすようにして持ち、わに口パーツに挟む

e. 刺繍リボンがはみ出している部分を目打ちで中に入れこむ

f. 形を整えながら少しずつわに口パーツをとじ、最後はペンチでしっかりととじる

※このとき、金属ペンチを使う場合は布などを挟んでわに口パーツが傷つかないようにする。

2. パーツを組み立てる

a. ピアスパーツ・チャーム・刺繍リボン・タッセルを丸カンでつなげる。

※チャーム・刺繍リボンタッセルの重なる順番に注意

16 ピアス＜くるみボタンのピアス＞

【材料と道具】
- 幅5cmの刺繍リボン 10cm（1ペア分）
- 直径30mmのくるみボタンパーツ 2枚
- フェイクレザー 4cm×8cm
- ピアスパーツ 1ペア
- タッセルパーツ 2個　・多用途接着剤
- 裁縫道具　・チャコペン　・はさみ　・目打ち

【作り方】

1. 裏側パーツを作る

a. フェイクレザーの裏側にくるみボタンを乗せ、チャコペンでくるみボタンの形に印をつける

b. 印の5mm内側をカットする

c. フェイクレザーのふちから5mmの位置に目打ちで穴をあける

d. ピアス皿のポスト側に多用途接着剤を塗り、フェイクレザーの裏側からピアスを刺す

2. 刺繍リボンでパーツを作る

a. 刺繍リボンの裏側にくるみボタンを乗せ、チャコペンでくるみボタンの形に印をつける

b. 印の1cm外側をカットする

c. 刺繍リボンのふちから5〜7mmのところをなみ縫いで一周し、くるみボタンを中に入れて糸をしぼる

d. 表側の刺繍リボンがぴんと張っていて、触ってもくるみボタンがずれないようになるまで引き絞りながらもう2〜3周縫う

3. パーツを組み合わせる

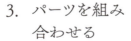

※くるみボタンは凸の方が外側で、凹のほうが内側

e. タッセルパーツをふちに縫い付ける

くるみボタンパーツの裏側に接着剤を塗り、1.で作ったパーツと接着する

17　ロゼットブローチ

【材料と道具】
- 6cm幅以上の刺繡リボン 7cm
- 飾り付け用刺繡リボン 9cm
- 直径4cmくるみボタンパーツ 1枚
- 3cm幅両面サテンリボン A 80cm
- 3cm幅両面グログランリボン B 95cm

【作り方】

1. フェルトパーツをカットする　　　2. くるみボタンパーツを作る

a. フェルトを直径6cmの円形にカットする

b. フェルトパーツにブローチ金具を縫い付ける

a. 刺繡リボンの裏側にくるみボタンを乗せ、チャコペンでくるみボタンの形に印をつける

b. 印の1.5cm外側をカットする

3. パーツを作る

c. 刺繡リボンのふちから5〜7mmのところをなみ縫いで一周し、くるみボタンを中に入れて糸をしぼる

※くるみボタンは凸の方が外側で、凹のほうが内側

d. 表側の刺繡リボンがぴんと張っていて、触ってもくるみボタンがずれないようになるまで引き絞りながらもう2〜3周縫う

a. リボンA・Bの端に両面テープを貼る（両面）

郵 便 は が き

１７０−８７９０

３３３

料金受取人払郵便

豊島局承認

5629

差出有効期間
2026年10月
31日まで

●上記期限まで
切手不要です。

東京都豊島区高田3-10-11

自由国民社

愛読者カード　係 行

住所	〒□□□−□□□□		都道府県			市郡(区)
			アパート・マンション等、名称・部屋番号もお書きください。			
氏名	フリガナ		電話	市外局番　　市内局番　　　番号 (　　　　)		
			年齢	歳		
E-mail						

どちらでお求めいただけましたか？

書店名（　　　　　　　　　　　　　　　　　　　　　　　　　　　　）

インターネット　　1．アマゾン　　2．楽天　　3．bookfan
　　　　　　　　　4．自由国民社ホームページから
　　　　　　　　　5．その他（　　　　　　　　　　　　　　　　　）

ご記入いただいたご住所等の個人情報は、自由国民社からの各種ご案内・連絡・お知らせにのみ利用いたします。いかなる第三者に個人情報を提供することはございません。

『インド刺繍リボンのこものたち』を
ご購読いただき、誠にありがとうございました。
下記のアンケートにお答えいただければ幸いです。

● 本書を、どのようにしてお知りになりましたか。
　□新聞広告で（紙名：　　　　　　　　　新聞）
　□書店で実物を見て（書店名：　　　　　　　　　　　　　　）
　□インターネットで（サイト名：　　　　　　　　　　　　　）
　□SNSで（SNS名：　　　　　　　　　　　　　　　　　）
　□人にすすめられて　□その他（　　　　　　　　　　　　）

● 好きな手芸のジャンルはありますか？
　□裁縫　　　　□刺繍　　　　□ビーズ
　□編み物　　　□レジン　　　□羊毛フェルト
　□その他（　　　　　　　　　　　　　　　　　　　　　）

● 本書のご感想をお聞かせください。
　※お客様のコメントを新聞広告等でご紹介してもよろしいですか？
　　（お名前は掲載いたしません）　□はい　□いいえ

ご協力いただき、誠にありがとうございました。
お客様の個人情報ならびにご意見・ご感想を、
許可なく編集・営業資料以外に使用することはございません。

- フェルト 6cm×6cm　・ブローチ金具 1つ
- 布用接着剤　・チャコペン
- 0.5cm幅の両面テープ　・裁縫道具
- はさみ　・リボン台紙（120ページ）

※内側のライン（図のSの位置）からスタート
→2本横の線（図の2の位置）の外側のラインで左側に折り返す
→1本前（図の1の位置）の内側のラインで右側に折り返す
型紙を一周するまで上記を繰り返す。
最後は、最初に折ったひだの部分に差し込んで形を整える。
（リボンが長すぎた場合はカットする）

b. 両面テープの剥離紙をはがし、カットしたリボン台紙に仮止めしながら線に合わせてリボンを折ってひだを作る

c. リボン台紙MとLで1つずつ作る

d. リボンをそれぞれ台紙から剥がし、二つを重ねて布用接着剤で貼り付ける

4. パーツを組み合わせる

e. 刺繍リボンを半分に折り、端をZ字に畳んで縫い留める

a. リボンパーツ（3-d）と、刺繍リボン（3-e）を布用接着剤で接着する

b. リボンの裏側に1.のフェルトを接着する

c. くるみボタンの裏側に布用接着剤を塗り、リボンパーツの表側に貼り付ける

18 帯留め・ストールピン

【材料と道具】
- 幅6cmの刺繍リボン（チュール素地）6cm
- 布地 6cm×6cm　・フェルト 4cm×4cm
- 直径4cmのくるみボタンパーツ 1枚
- 土台パーツ（帯留めorストールピン）1つ
- お好きなビーズ　・ビーズ刺繍用針　・ビーズ刺繍用糸
- 多用途接着剤　・裁縫道具　・チャコペン

【作り方】

1. パーツの準備をする

a. 刺繍リボンの裏側にくるみボタンを乗せ、チャコペンでくるみボタンの形に印をつける

b. 印の1cm外側をカットする

c. 布地も刺繍リボンと同様に切り出す

d. フェルトにくるみボタンを乗せ、チャコペンで印をつけてカットする

2. くるみボタンパーツを縫い包む

a. 布地のふちから5〜7mmのところをなみ縫いで一周し、くるみボタンを中に入れて糸を絞る

※くるみボタンは凸の方が外側で、凹のほうが内側

b. 表側の布がぴんと張っていて、触ってもくるみボタンがずれないようになるまで引き絞りながらもう2〜3周縫う

c. 刺繍リボンのふちから5〜7mmのところをなみ縫いで一周し、くるみボタンを中に入れて糸をしぼる

d. 表側の刺繍リボンがぴんと張っていて、触ってもくるみボタンがずれないようになるまで引き絞りながらもう2〜3周縫う

3. パーツを組み合わせる

a. くるみボタンパーツのふちにビーズを縫い付ける

b. くるみボタンパーツの裏側に接着剤をつけ、フェルトパーツを貼り付ける

c. 土台パーツに接着剤をつけ、フェルトパーツの部分に接着する

インド刺繍リボンのこものたち

19 ピンボトル

【材料と道具】
- 好きな大きさのボトル（ふた付き）1個
- 厚紙 ボトルの直径と同じ四方の大きさ 1枚
- 布地 ボトルの直径の二倍四方の大きさ 1枚
- 3cm幅の刺繍リボン ボトルのふたの円周+1cmの長さ 1本
- 手芸用わた 適量 ・布用強力接着両面テープ
- 裁縫道具 ・はさみ

【作り方】

1. クッション部分を作る

a. 厚紙にボトルのふたの形を写し、5mm程度内側をカットする

b. 布地にボトルのふたの直径を2倍にした円を描き、カットする

c. 布地の端から1cmのところをなみ縫いで一周し、軽く糸を引き絞る

※このとき、綿は手で丸めてから詰めると形がきれいに整う

d. 布地の中へわた→厚紙の順に詰め、クッションがこんもりとした形になるよう手で整えながら糸を引き絞り、玉留めにして縫い終える

2. ボトルのふたとクッションを接着する

3. 刺繍リボンで飾る

a. ボトルのふた上面に両面テープを貼る

b. クッションを貼りつける

a. 刺繍リボンの片側の端に両面テープを貼り、1cm折り返して端処理をする

b. 刺繍リボンの裏側全体に両面テープを貼り、ボトルのふたの側面に一周貼り付ける

※ ボトルはふたを閉めて正面ではない方から貼り始め、刺繍リボンは端処理をした側が上にくるように巻く

20 コードホルダー

【材料と道具】
- 幅3cmの刺繍リボン 12cm
- 幅3cmのグログランリボン 12cm
- ばねホック1組
- 裁縫道具
- 穴あけポンチ
- 打ち具　・はさみ

【作り方】

1. パーツを組み合わせる

a. 刺繍リボンとグログランリボンを中表にし、短辺を縫い合わせる

b. 角を斜めに裁ち落とす

c. 表に返し、わきを縫う

2. ばねホックを取り付ける

a. 穴あけポンチで二か所穴をあける

b. 打ち具を使い、ばねホックを取り付ける

インド刺繍リボンのこものたち

21 バッグチャーム

【材料と道具】
- 約5〜6cm幅のインド刺繍リボン 24cm
- 約1cm幅のブレード 8cm
- 約4cmのタッセル 1つ
- キーホルダーのパーツ 1つ
- 丸カン（直径8mm）1つ
- 裁縫道具　・目打ち　・布用接着剤　・ペンチ

【作り方】

1. 刺繍リボンの準備をする

刺繍リボン裏側の縫い目をほどく

2. リボンの形を作る

a. 刺繍リボンを中表にして左右から畳み、中心で5mmほど重ね、上下の辺を縫いしろ1cmで縫う

b. 表に返して、中心を縦になみ縫いする

※4か所の角は目打ちで整える

c. 表側から見て「谷−山−谷」となるように折りたたむ

d. 折りたたんだ中心に薄く接着剤を塗ったブレードを巻き、裏側で谷になっている部分に差し込んで接着剤で留める

3. タッセルをつける

a. 玉留めを隠せる位置から針を刺しはじめ、タッセルを縫いつける

※タッセルの頂点で輪になっている糸の部分に針を通す

b. 2〜3回縫って固定し、玉留めが見えなくなる位置で糸を処理する

4. 金具をつける

a. 目打ちを直接布地に差して穴をあける

b. 布地にあけた穴に丸カンを通し、キーホルダー金具を取り付ける

22 フォトフレーム

【材料と道具】
- 刺繍リボン 好きなだけ
- 好きなサイズのフォトフレーム 1つ
- 白い紙 フォトフレームに入れられる大きさ
- 両面テープ

【作り方】

1. フォトフレームの準備をする

a. フォトフレームの土台の板に両面テープで白い紙を貼り付ける

b. 白い紙に両面テープを貼り付ける

2. 刺繍リボンをセットする

a. 刺繍リボンの並べ方を決める

b. 刺繍リボンを白い紙に貼り付ける

c. 刺繍リボンをフォトフレームの土台の板から5mmはみ出す長さにカットする

3. フォトフレームにセットする

刺繍リボンを貼り付けた土台をフォトフレームに入れる

インド刺繡リボンのこものたち

23 折り畳み傘カバー

完成サイズ　縦22cm×横12cm

【材料と道具】
- 刺繡リボン チュール素地刺繡リボン 26cm
- ラミネート生地 幅29cm×長さ24cm
- マイクロファイバータオル 32cm×21cm
- 34cmファスナー 1本　・Dカン 1個
- 仮止めクリップ
- 裁縫道具　・テフロン押さえ（ミシン用）　・はさみ

【作り方】

1. パーツを作る

a. 生地をカットする
　ラミネート生地：幅26cm×長さ24cm
　マイクロファイバータオル：幅26cm×長さ24cm
　タブ：A幅3.5cm×長さ4cm 1枚
　　　　B幅3cm×長さ4cm 1枚

b. ラミネート生地に刺繡リボンとレースを縫い付ける

※ラミネート生地を固定するときは仮止めクリップを使う

c. タブパーツの左右を7mm折り返して端から2mmの位置を縫う

※ミシンで縫う場合にラミネート生地が押さえに触れるときはテフロン押さえを使用するとずれにくい

2. ファスナーを縫う

a. ファスナーの下側の端を左右3mmずつたたみ、タブAでくるんで縫う

b. ラミネート生地、ファスナー、マイクロファイバータオルを中表に重ねて仮止めする

c. 上部に返し口を残して縫いしろで1cmで一周縫う

d. 表に返し、返し口の部分にDカンを通したタブBをはさんで端から2〜3mm位置を一周縫う

※カーブの部分はファスナーに0.3cmの切り込みを入れて角に添わせる

24 ティーコゼー&マット

【材料と道具】
- 刺繍リボン 65cm
- キルト生地 20cm×70cm
- バイアステープ 210cm

【作り方】

◎ティーコゼー

1. パーツを準備する

a. 型紙に合わせてキルト生地をカットする

b. 直線の部分にバイアステープを縫い付ける

c. 刺繍リボンと飾りレースをキルト生地に縫いつける

2. パーツを組み合わせる

a. キルト生地を中表にして重ねて縫いしろ1cmで縫う

3. パーツを作る

b. 縫いしろを0.5cmに切り揃える

a. バイアステープを広げてキルト生地の縁に縫い付ける

※テープの端は内側に折りこむ
※バイアステープの折れ癖のついている位置を縫う

b. バイアステープを畳んで縫いしろをくるみ、バイアステープの端から1mmのところを縫う

c. 表に返す

- 飾りレース 好きなだけ
- 裁縫道具
- はさみ
- 型紙（121〜122ページ）

◎マット

1. パーツを準備する

a. キルト生地を型紙に合わせてカットする

b. 刺繍リボンと飾りレースをキルト生地に縫い付ける

2. バイアステープを縫い付ける

a. バイアステープを広げてキルト生地の縁に縫い付ける

※縫い始め側はテープの端を折る
※バイアステープの折れ癖のついているところを縫う

b. バイアステープを畳んで縫いしろをくるみ、端から1mmのところを縫う

25 ペットボトルカバー

【材料と道具】
- 好きな太さの刺繍リボン 28cm
- 表布（ラミネート生地）17cm×44cm
- 内布 14cm×44cm
- 2cm幅Dカン 2個
- 2cm幅ナスカン 2個

【作り方】

1. パーツをカットする

表布
　本体：14cm×44cm
　持ち手とタブ：
　　　　3cm×44cm
内布　14cm×44cm

2. 持ち手を作る

※ラミネート生地を固定するときは仮止めクリップを使う
※縫うときにラミネート生地が押さえに触れるときはテフロン押さえを使用するとずれにくい

a. 「持ち手とタブ」の短辺を左右0.5cm折り返して縫う

b. 「持ち手とタブ」を34cm1本、5cm2本にカットする

c. 34cmのパーツの端を1cm1回、1.5cm1回折り返し、ナスカンを通して縫う

3. 本体パーツを縫う

a. 表布「本体」の好きな位置に刺繍リボンを縫い付ける

b. タブにDカンを通して表布のわき上から1cmの位置に仮止めする

c. 表布「本体」を中表にして半分に折り、わの部分から3cmの位置で表布側にM字になるように畳む

- 2cm幅ナスカン 2個
- 裁縫道具
- テフロン押さえ
- はさみ

d. 縫いしろ1cmでわきを縫って表に返す

e. 内布を中表にたたみ、縫いしろ1cmでわきを縫う

f. 内布の底の角をつまみ、端から3cmの位置を縫う

g. 縫いしろ1cmの位置でカットする

4. パーツを組み立てる

a. 中表になっている内布の中に外表になっている表布本体を入れ、返し口を残して縫いしろ1cmで一周縫う

b. 返し口から表に返し、端から2〜3mmの位置を一周縫う

c. Dカンに持ち手を取り付ける

26 貼るだけブックカバー

【材料と道具】
- インド刺繍リボン 好きなだけ
- 無地の布製ブックカバー 1枚
- 布用接着剤
- はさみ
- ほつれ止め液

【作り方】

1. 刺繍リボンの配置を決める

土台になるブックカバーに刺繍リボンを仮置きして、どんなふうに並べるかを決める

2. 刺繍リボンの準備をする

a. 刺繍リボンをブックカバーに合わせてカットする

b. 刺繍リボンの切りっぱなしの部分にほつれ止め液を塗って端処理をする

3. 刺繍リボンを貼り付ける

a. 刺繍リボンの裏側に、薄く接着剤を塗る

※接着剤の量が多すぎると表側に染みて色が変わってしまうので、できるだけ薄くのばす

b. 切りっぱなし部分を隠すように、刺繍リボンは少し重ねて貼る

27 ブックカバー ＜文庫本サイズ＞

【材料と道具】
- 刺繍リボン 20cm〜好きなだけ
- 表布 20cm×40cm
- 内布 21cm×45cm
- その他の装飾（ブレードやレースなど）20cm〜好きなだけ
- 裁縫道具
- アイロン　・はさみ

【作り方】

1. 布地を裁断する

本体パーツ
　18.3cm×39.7cm
　（表布・内布各1枚ずつ）
バンドパーツ
　（内布の生地で1枚）
　たて：21cm　よこ：5cm

2. 本体パーツを準備する

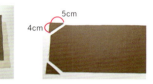

a. 本体パーツを中表に重ね、片側の端を2か所切り落とす。短辺側は端から4cm、長辺側は端から5cmの位置を結んだ線でカットする

b. 表布に刺繍リボンやレースを飾り付ける。カットしていない側の端から8cm〜18cmの間（この範囲が表紙の面）に飾りつけをする

3. バンドパーツを縫う

a. バンドパーツを中表に畳んで縫いしろ1cmでわきを縫う

b. 表に返し、両わき端から2〜3mmの位置にミシンをかける

c. 内布の表側、カットした短辺側の端から10cmの位置にバンドパーツを仮止めし、端から5mmの位置を縫う

4. 本体パーツを縫う

a. 表布と内布を中表に重ね、カットしていない短辺を縫いしろ1cmで縫う

※縫い終えたら縫いしろを割っておく

b. 縫った位置から7cmの位置でM字に折りたたみ、アイロンをかける

5. 仕上げ

c. 返し口を残してわきを縫う

d. 表に返して返し口を縫い閉じる

全体にアイロンをかけて細部まで形を整える

28 ショルダーストラップ ＜細め刺繍リボン＞

【材料と道具】
- 2.5cm幅のインド刺繍リボン 150cm
- 2.5cm幅のナイロンテープ 148cm
- 2.5cm幅のリュックカン 1個
- 2.5cm幅のナスカン 2個
- ミシン（厚地用のミシン針使用）　・透明ミシン糸
- 仮止めクリップ

【作り方】

1. 刺繍リボンとナイロンテープを縫い合わせる

2. 金具をつける

a. 刺繍リボンとナイロンテープを1cmずらした状態で重ね、ずれないように仮止めクリップで固定する

b. テープの端から3mmの位置を縫う

※この部分は使用する際に負荷がかかるので、しっかり返し縫いをする

a. 片側の端をリュックカン金具の中央の部分に縫い付けるナイロンテープをくるむように刺繍リボンを折りたたんでからもう一度折り畳み、リュックカンを縫い留める

b. ナスカンを1個通す

c. 反対側の端をリュックカンに通す

※こちらも負荷がかかる部分のため、しっかり返し縫いをする

d. 「a.」のリュックカンと同じように、ナイロンテープをくるむように刺繍リボンを折りたたんでからもう一度折り畳み、ナスカンを縫い留める

インド刺繍リボンのこものたち

29 ショルダーストラップ＜太めチュール素地刺繍リボン＞

【材料と道具】
- 6cm幅のチュール素地のインド刺繍リボン 150cm
- 30mm幅のナイロンテープ 148cm
- 30mm幅のリュックカン 1個
- 30mm幅のナスカン 2個
- ミシン（厚地用のミシン針使用）　・リッパー
- はさみ式紐通し　・透明なミシン糸　・仮止めクリップ

【作り方】

1. 刺繍リボンの準備をする

2. 刺繍リボンとナイロンテープを合わせる

刺繍リボン裏側の縫い目をほどく

a. 刺繍リボンを中表にしてナイロンテープをくるみ、仮止めクリップで固定する

b. 刺繍リボンの端をナイロンテープと一緒に仮縫いする

c. 刺繍リボンとナイロンテープを一緒に縫わないように気を付けながら、わきを縫う

d. ナイロンテープを引いて刺繍リボンを裏返す

e. 「b.」の仮縫いの糸をほどき、ナイロンテープと刺繍リボンを分ける

f. はさみ式紐通しを使い、筒状になった刺繍リボンの中にナイロンテープを通す

g. 刺繍の位置を調整し、テープの端から3mmの所にミシンをかける

※このとき、刺繍リボンは土台テープよりも1cm長くなるようにずらす

3. 金具をつける

a. 片側の端をリュックカン金具の中央の部分に縫い付ける。ナイロンテープをくるむように刺繍リボンを折りたたんでからもう一度折り畳み、リュックカンを縫い留める

b. ナスカンを1個通す

c. 反対側の端をリュックカンに通す

d. 「a.」のリュックカンと同じように、ナイロンテープをくるむように刺繍リボンを折りたたんでからもう一度折り畳み、ナスカンを縫い留める

※この部分は使用する際に負荷がかかるので、しっかり返し縫いをする

※この部分は使用する際に負荷がかかるので、しっかり返し縫いをする

30 マカロンケース

【材料と道具】
- 6cm幅以上の刺繍リボン 16cm
- フェルト 5×10cm
- 幅1.6cmのグログランリボン 3cm
- 直径5cmのくるみボタンパーツ 2枚
- 16cmファスナー 1本

【作り方】

1. くるみボタンパーツを作る

a. 刺繍リボンの裏側にくるみボタンを乗せ、チャコペンでくるみボタンの形に印をつける

b. 印の1.5cm外側をカットする

※くるみボタンは凸の方が外側で、凹のほうが内側

c. 刺繍リボンのふちから5〜7mmのところをなみ縫いで一周し、わた、くるみボタンの順で中に入れて糸をしぼる

d. 表側の刺繍リボンがぴんと張っていて、触ってもくるみボタンがずれないようになるまで引き絞りながらもう2〜3周縫う

e. [1.]を2個作る

2. フェルトパーツを作る

a. フェルトの裏側に直径5cmの円を2つ描く

b. 描いた線でカットする

3. ファスナーの準備をする

a. ファスナーを中表にして畳み、ファスナーの端に半分に折り畳んだグログランリボンを挟んで縫う

88

インド刺繍リボンのこものたち

- わた ふたつまみほど
- ボールチェーン 1本
- 裁縫道具
- チャコペン
- はさみ
- 布用接着剤

4. パーツを組み合わせる

b. ファスナーを表に返し、ファスナーの縫いしろを上どめ側に倒して縫いしろをおさえるように縫う

c. ファスナーの縫いしろ2mmのところをぐし縫いして糸を引き、くるみボタンのサイズに合わせる

a. ファスナーとくるみボタンをコの字縫いで縫い合わせる

※ファスナーは縫いしろ5mmの位置を縫う

b. 上下2枚とも縫い合わせる

c. ファスナーを開き、内側に綿を詰める

d. 内側にフェルトを貼り付ける

e. グログランリボンの部分にボールチェーンを取り付ける

31 三角コインケース

【材料と道具】
- 刺繍リボン 長さ15cm 4〜5本（横に並べて幅が27cmになるようにする）
- 内布 30cm×20cm
- 薄手接着芯 30cm×20cm
- スナップボタン 2組
- 裁縫道具
- 打ち具
- 穴あけポンチ
- 目打ち
- アイロン
- はさみ
- 型紙（123ページ）

【作り方】

1. パーツを作る

a. 刺繍リボン裏側の縫い目をほどく

b. 刺繍リボンを中表に重ねて縫い合わせ、型紙と同じ大きさにする

c. すべての縫いしろを割り、おさえミシンをかける

d. 「c.」に型紙に合わせてカットした接着芯を貼る

※刺繍リボンはポリエステルやレーヨンが含まれているため、必ず当て布をし、高温を避けてアイロンがけをする

2. パーツを縫い合わせる

e. 型紙に縫いしろ1cmを足し、刺繍リボンパーツと内布をカットする

a. 刺繍リボンと内布を中表にし、返し口を開けて縫いしろ1cmで一周縫う

b. 角の縫いしろに切れ込みを入れる

※縫ったところを切らないように注意

c. 返し口から表に返してアイロンを使って形を整え、端から2〜3mm位置を一周縫う

※一緒に返し口も縫い閉じる

3. 仕上げ

d. 目打ちで角を整える

a. フラップになる部分が外側にくるように三角形にたたみ、低温のアイロンを当て布ごしに押し付け、たたみ癖をつける

b. フラップと本体に穴あけポンチで穴をあける

c. 打ち具を使ってスナップボタンをとりつける

インド刺繍リボンのこものたち

32 テトラポーチ

完成サイズ　10cm×12cm

【材料と道具】
- 10cm幅のインド刺繍リボン 25cm
- 内布（薄手の布地）12cm×25cm
- 接着芯 12cm×25cm　・Dカン 1個
- 10cmファスナー 1本
- 15mm幅のナイロンテープ 5cm　・裁縫道具
- 目打ち　・アイロン　・はさみ

【作り方】

1. パーツを準備する

a. 刺繍リボン裏側の縫い目をほどく

b. 刺繍リボンに接着芯を貼る

c. 刺繍リボンの接着芯からはみ出した部分をカットする

d. 刺繍リボン・内布の短辺の中心に印をつける

※刺繍リボンはアイロンの高熱を当てると傷んでしまう場合があるため、接着芯をアイロンで接着する際は必ず当て布をして接着する

2. ファスナーを準備する

a. ファスナーの端を裏面に向けて折り、折った端の半分だけ斜めに折り返して図のような形に縫い留める

b. ファスナーの中心に印をつける

3. パーツを組み合わせる

a. 刺繍リボン・ファスナー・内布を中表に重ねて中心を合わせ、縫いしろ1cmで縫う

b. 刺繍リボンのみ表に返し、刺繍リボンの端から2mmの位置を縫う（これを両側行う）

※刺繍リボンの縫いしろは1cmとってあるので、ファスナーは5mmずらして配置する

4. 本体を縫う

a. ファスナー上端がポーチ本体の端にくるようにたたみ、刺繍リボン側にDカンを通したタブを挟んでわきを縫いしろ1cmで縫う

※ 内布側に返し口を残す

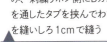

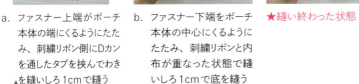

b. ファスナー下端をポーチ本体の中心にくるようにたたみ、刺繍リボンと内布が重なった状態で縫いしろ1cmで底を縫う

★縫い終わった状態

c. 返し口から表に返し、返し口を手縫いのコの字縫いでとじる。目打ちで角の部分を整える

33 マチ有ファスナーペンケース

完成サイズ
縦8cm×横17.5cm×マチ3cm

【材料と道具】
- 8.5cm幅のインド刺繍リボン 40cm
- 内布 20cm×20cm
- 接着芯 20cm×20cm
- 16cmファスナー 1本
- 裁縫道具

【作り方】

1. パーツを準備する

a. 刺繍リボンを20cm×2本にカットする

b. 刺繍リボン裏側の縫い目をほどく

c. 接着芯を10cm×20cmにカットする（2枚）

d. 刺繍リボンに接着芯を貼る

※刺繍リボンはアイロンの高熱を当てると傷んでしまう場合があるため、接着芯をアイロンで接着する際は必ず当て布をして接着する

2. ファスナーを準備をする

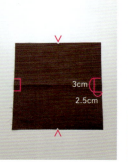

e. 刺繍リボンの接着芯からはみ出した部分をカットする

f. 刺繍リボンと内布に、中心とマチ部分の印をつける

a. ファスナーの端を裏面に向けて折り、折った端の半分だけ斜めに折り返して図のような形に縫い留める

- チャコペン
- 目打ち
- アイロン
- はさみ

3. パーツを組み合わせる

4. 本体を縫う

b. ファスナーの中心に印をつける

a. 刺繍リボン、ファスナー、内布を中表に重ねて中心を合わせ、縫いしろ1cmで縫う

b. 刺繍リボンのみ表に返し、刺繍リボンの端から2mmの位置を縫う（これを両側行う）

a. 刺繍リボン同士・内布同士を中表に重ね、縫いしろ1cmで本体のわき・底を縫う

※ファスナーのスライダー（引手の部分）は縫っている最中にミシンのおさえに引っかかると、縫い目が曲がってしまうだけでなくとても危険なため、途中でスライダーを移動させて縫い進める

※刺繍リボン側に返し口を残す

b.「1-f」でつけたマチの印を合わせ、縫いしろを割って縫う

c. マチ部分のあまり布を1cm残して裁ち落とす

d. 返し口から表に返し、返し口をコの字縫いでとじる

e. 目打ちで角の部分を整える

34 キーケース

完成サイズ　横5cm×縦10cm（二つ折りの状態）

【材料と道具】
- 10cm幅の刺繍リボン 12cm
- ハード接着芯 10cm×10cm　・フェイクレザー 10cm×10cm
- ねじ式Dカン（内径20mm以上）1つ
- 両面ハトメ 2組　・ばねホック 1組　・型紙（124ページ）
- 打ち具　・穴あけポンチ　・テフロン押さえ
- 手芸用接着剤　・アイロン　・はさみ

【作り方】

1. パーツを準備する

a. 刺繍リボン裏側の縫い目を解く

b. 接着芯・フェイクレザーを型紙に合わせてカットする

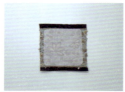
c. 刺繍リボンに接着芯を貼り付ける

d. 刺繍リボンを接着芯の周囲1cmの位置でカットし、カーブのところに切れ込みを入れる

2. パーツを組み立てる

a. 刺繍リボンの縫いしろの内側に接着剤を塗り、縫いしろを折り畳んで接着する

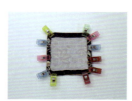
b. フェイクレザーに接着剤を塗り、刺繍リボンのパーツに貼り付ける

c. 接着剤が乾いたら、本体の端から2mmの位置を一周縫う

※テフロン押さえを使う

3. 金具をとりつける

a. 型紙の印の位置に穴あけポンチで2か所穴をあける

b. 打ち具を使い、両面ハトメを取り付ける

c. ねじ式Dカンのバーをハトメ穴に通し、ネジを締める

35 フラップペンケース

完成サイズ
横8cm×縦16cm（フラップをとじているとき）

【材料と道具】
- 幅9〜10cmの刺繍リボン 26cm
- 表布 16cm×10cm
- 内布 20cm×26cm
- 接着芯 20cm×26cm
- ばねホック 1組　・穴あけポンチ　・打ち具
- アイロン　・裁縫道具　・はさみ　・型紙（125ページ）

【作り方】

1. パーツを作る

a. 刺繍リボン裏側の縫い目をほどく

b. 表布・内布・接着芯を型紙に合わせてカットする

c. 接着芯を刺繍リボン・表布に貼り付ける

d. 刺繍リボンの、接着芯からはみ出した部分をカットする

※刺繍リボンはポリエステルやレーヨンが含まれているため、必ず当て布をし、高温を避けてアイロンがけをする

2. パーツを組み立てる

e. ボディパーツの表布・内布を中表に重ね、短辺一か所を縫いしろ1cmで縫う

f. 表に返し、端から1〜2mmの位置を縫う

a. 刺繍リボン（表側が上）、ボディパーツ（外表の状態で内布が上）、フラップパーツ（裏側が上）の順番で重ね、フラップ部分に返し口を残して縫いしろ1cmで一周縫う

b. 角を裁ち落とす

3. ばねホックをつける

c. 返し口から表に返し、アイロンで形を整える

d. フラップ部分の端から2〜3mmの位置を縫う

a. 型紙の印の位置にそれぞれ穴あけポンチで穴を開ける

b. 打ち具を使い、ばねホックを取り付ける

36 ノートバンドペンポーチ

完成サイズ
17.5cm×6cm（B6～A5サイズ対応）

【材料と道具】

- **5cm幅のインド刺繍リボン 18cm**
- **表布 19cm×14cm**
- **内布 19cm×21cm**
- **16cmファスナー 1本**
- **幅2cmの平ゴム 23cm**
- **裁縫道具**

【作り方】

1.

刺繍リボン裏側の縫い目をほどく

2. パーツを準備する

a. 布地をカットする
表布　19cm×7cm　2枚
内布　19cm×7cm　2枚
　　　16cm×7cm　1枚

b. ファスナーの端を裏面に向けて折り、折った端の半分だけ斜めに折り返して図のような形に縫い留める

3. ポケットパーツを作る

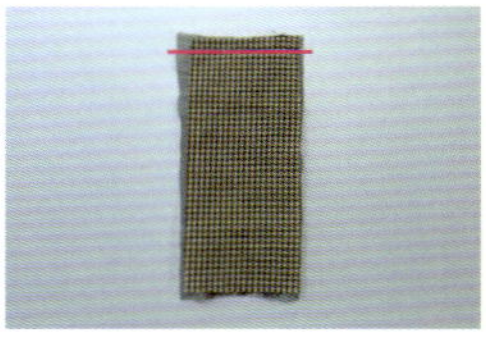

a. 刺繍リボンと16cm×7cmの内布を中表に重ね、短辺一か所を縫いしろ1cmで縫う

b. 表に返し、端から1～2mmの位置を縫う

4. 本体を組み立てる

a. 表布の表側に3. のパーツを重ね、端から1mmの位置を縫う

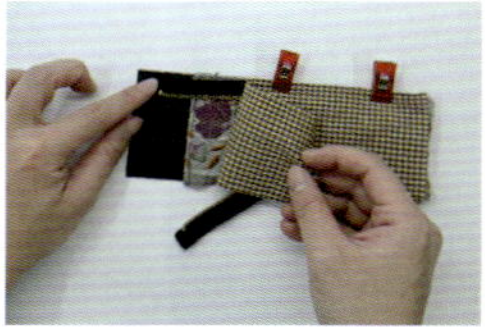

b. 表布·ファスナー·内布を中表に重ねて縫い合わせる

c. 表布のみ表に返し、ファスナー横1～2mmの位置を縫う

※このとき、内布は表に返さない状態で縫う

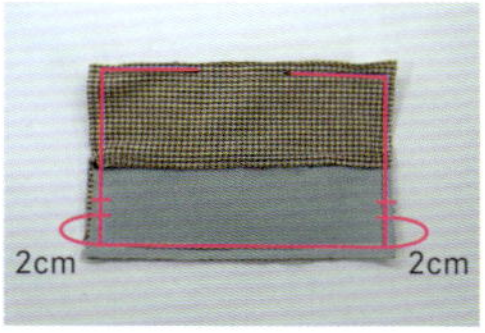

d. 中表の状態で表布の底側から2cmの位置に平ゴムを挟み、内布側に返し口を残してわきを縫う

e. 角を落とす

f. 表に返し、返し口を縫い閉じる

g. 角を目打ちで整える

37 ロールペンケース

【材料と道具】
- 9cm幅の刺繍リボン26cm
- 11号帆布20cm×70cm
- 紐 40cm
- 型紙（126ページ）
- 裁縫道具　・目打ち
- 仮止めクリップ　・はさみ

【作り方】

1. パーツを準備する

a. 刺繍リボン裏側の縫い目をほどく

b. 刺繍リボンの中心から上下5.5cmのところに印をつけ、カットする

c. 帆布を型紙に合わせてカットする。表布（布地A）は上下を反転させて2枚、内布（布地B）・ペンを差す部分（布地C）は1枚ずつ切り出す

2. 表布を縫う

a. 刺繍リボンと布地Aを縫いしろ1cmで縫い合わせる

b. 縫いしろを布地側にたおして押さえミシン（コバステッチ）をかける

c. 「b.」の表布パーツを「内布用の型紙」と重ねてみて、仕上がりがゆがんでいないか確認し、型紙に合わせて刺繍リボンの端をカットする

3. 内布パーツを縫う

a. 布地Cの長辺一か所を2つ折りにして縫う

b. 布地Cの右側の短辺を内側に1cm折り返し、内布Bの表側左下に縫いしろ5mmで縫い付ける

c. 布地Cに右側から3cmおきに4か所印をつけ、ペンを差す部分を縫う

4. 表布と内布を縫い合わせる

a. 表布と内布を中表に合わせて紐をはさみ、上部に返し口をあけて縫いしろ1cmで一周縫う

b. 角を斜めに裁ち落とす

c. 返し口から表に返し、目打ちで角を整える

d. 端から2mm程度のところを一周縫う

38 39 巾着ポーチ／ばね口ポーチ

【材料と道具】
- 幅10cmの刺繍リボン 32cm
- 紐 80cm or 幅10cmのばね口金具
- 裁縫道具

【作り方】

1. 紐通し口を縫う

刺繍リボンの両端を2cm折り返し、端から1.5cmのところを縫う

2. 刺繍リボンのわきを縫う

刺繍リボンを外表に半分に折り、端から5mmのところを縫う

3. 紐 or ばね口パーツを取り付ける

ばね口金具の場合
片側からばね口金具を通し、蝶番の部分を固定する

紐の場合
40cmにカットした紐を左右から一本ずつ通して端を結ぶ

40 通帳が入るマチなしファスナーポーチ

完成サイズ 11cm×20cm

【材料と道具】
- 10cm幅のインド刺繍リボン 44cm
- 内布 22cm×22cm
- 接着芯 22cm×24cm
- 18cmファスナー 1本
- 裁縫道具

【作り方】

1. パーツを準備する

a. 刺繍リボンを22cm×2本にカットする

b. 刺繍リボン裏側の縫い目をほどく

c. 接着芯を12cm×22cmにカットする（2枚）

d. 刺繍リボンに接着芯を貼る

※刺繍リボンはアイロンの高熱を当てると傷んでしまう場合があるため、接着芯をアイロンで接着する際は必ず当て布をして接着する

2. ファスナーを準備する

e. 刺繍リボンの接着芯からはみ出した部分をカットする

f. 刺繍リボンと内布に中心の印をつける

a. ファスナーの端を裏面に向けて折り、折った端の半分だけ斜めに折り返して図のような形に縫い留める

b. ファスナーの中心に印をつける

- チャコペン
- 目打ち
- アイロン
- はさみ

3. パーツを組み合わせる

※分かりやすくするため縫いしろを1cmとってあるので、ファスナーは5mm下にずらして配置する

a. 刺繍リボン・ファスナー・内布を中表に重ねて中心を合わせ、縫いしろ1cmで縫う

b. 刺繍リボンのみ表に返し、刺繍リボンの端から2mmの位置を縫う（これを両側行う）

※ファスナーのスライダー（引手の部分）は縫っている最中にミシンのおさえに引っかかると、縫い目が曲がってしまうだけでなくとても危険なため、途中でスライダーを移動させて縫い進める

4. 本体を縫う

a. 刺繍リボン同士・内布同士を中表に重ね、縫いしろ1cmで本体のわき・底を縫う

b. 刺繍リボン側の角を裁ち落とす

※刺繍リボン側に返し口を残す

c. 返し口から表に返し、返し口をコの字縫いでとじる

d. 目打ちで角の部分を整える

41 貼るだけジュートバッグアレンジ

【材料と道具】
- 刺繍リボン 好きなだけ
- 飾り用レース 好きなだけ
- ジュートバッグ 1個
- 手芸用接着剤
- 仮止めクリップ
- はさみ

【作り方】

1. デザインを決める

刺繍リボン・飾り用レースをジュートバッグの上に載せながら、デザインを決める

2. 刺繍リボンの準備をする

a. 刺繍リボンをジュートバッグに合わせてカットする

b. 刺繍リボンの端にほつれ止め液を塗って端処理をする

3. ジュートバッグに材料を貼り付ける

a. 刺繍リボン・飾り付け用レースの裏側に手芸用接着剤を薄く塗り、ジュートバッグに貼り付ける

b. 仮止めクリップで固定して乾かす

42 正方形通しマチミニトート

完成サイズ
縦22cm×横22cm×マチ11cm
（持ち手除く）

【材料と道具】
- 10cm幅前後の刺繍リボン 68cm
- 表布（11号帆布）37cm×68cm
- 内布（薄手）37cm×68cm
- 持ち手 1組
- 裁縫道具　・布用接着剤
- 仮止めクリップ

【作り方】

1. 布地をカットする

表布
　前後：24cm×24cm 2枚
　マチ：13cm×68cm 1枚
内布
　前後：24cm×24cm 2枚
　マチ：13cm×68cm 1枚

2. パーツを作る

a. 刺繍リボン裏側の縫い目をほどく

b. マチパーツの表側中心に刺繍リボンを縫い付ける

c. 前後パーツの表側、中心から左右6cmの位置に持ち手を縫い付ける（2枚）

3. 組み立てる

a. 表布の前後パーツとマチパーツを中表に重ね、底中心から位置を合わせて縫いしろ1cmで縫う

b. 内布の前後パーツとマチパーツを中表に重ね、底中心から位置を合わせて縫いしろ1cmで縫う

c. 表に返した表布パーツの外側に、中表の内布パーツをかぶせ、返し口を残して袋口を縫いしろ1cmで一周縫う

d. 表に返し、袋口の端から2〜3mmの位置を一周縫う

43 巾着プチトート

完成サイズ
幅18cm×高さ24cm×マチ10cm＋持ち手15cm

【材料と道具】

- 2.5cm幅の刺繍リボン 60cm
- 5cm幅の刺繍リボン 30cm
- 表布 42cm×75cm
- 内布 30cm×72cm
- コード 150cm

【作り方】

1. パーツをカットする

表布
　①30cm×60cm　1枚
　②6cm×75cm　2枚
内布
　①30cm×60cm　1枚
　②12cm×60cm　1枚

刺繍リボン
幅2.5cmの刺繍リボンを30cm×2本にカットする

2. ポケットパーツを作る

a. 刺繍リボン裏側の縫い目をほどく

b. 刺繍リボンを中表に重ねて3本縫いつなげる

c. 縫いしろを割り、おさえミシンをかける

d. 内布②を中表に重ねて上下の長辺を縫いしろ1cmで縫う

3. 持ち手パーツを作る

e. 表に返して端から2～3mmの位置を縫う

a. 両端1cm折り返し、半分に畳んでアイロンをかける

b. 端から2～3mmの位置を縫う

- コードエンド 2個
- はさみ
- 裁縫道具

4. 組み立てる

a. 表布①を外表に半分に折った下から5cmの位置に「2.」のポケットパーツを縫い付ける

※縫う時は布を広げて表側だけにポケットを縫いつける

b. 中心から4cmの位置に持ち手を仮止めする

c. 表布と内布を中表に重ねて短辺2か所を縫いしろ1cmで縫う

d. 表布同士、内布同士を中表になるように重ね、表布側短辺から2cmの位置に1.5cmの紐通し口と、内布に返し口を残して縫いしろ1cmでわきを縫う

e. 底の角をつまみ、先端から5cmの位置に印をつけて縫う（表布・内布それぞれ縫う）

f. 縫いしろ1cmの位置でカットする

g. 表に返し、返し口を縫い閉じる

h. 袋口の端から2〜3mmの位置を一周縫う

i. 紐通し口同士を結んだ線を一周縫う

j. 75cmにカットした紐を左右から通す

k. 紐にコードエンドを通して一回結ぶ

44 たっぷりサイズのフリル巾着

完成サイズ
横18cm×縦29cm

【材料と道具】

- 好きな幅のインド刺繍リボン 20cm
- 表布 横20cm×縦60cm
- 内布 横20cm×縦60cm
- 飾り付けレースA 40cm
- 飾り付けレースB 40cm
- ひも（直径3mm前後）120cm 1本
- 裁縫道具
- ひも通し

【作り方】

1. 表布に飾り付けする

表布の好きな位置に刺繍リボン・飾り付けレースを縫い付ける

※上から7cmの部分は巾着の袋口になるので注意してください。
ポイント 布地を半分に畳んで位置を決めるとイメージしやすいです。

2. 表布と内布を縫い合わせる

表布と内布を中表に重ね、飾り付けレースBを挟んで短辺を縫いしろ1cmで縫う

3. 袋状に縫う

a. 表布同士・内布同士で中表にたたみ、表布の縫い目から6cmの位置に1.5cmの紐通し口をあけてわきを縫いしろ1cmでわきを縫う

b. 紐通し口を縫う
縫い残した箇所の縫いしろ上下1cmの位置に切れ込みを入れ、縫いしろを割って四角に縫う

c. 内布を縫う
返し口を残して内布のわきを縫いしろ1cmで縫う

4. 返し口から表に返し、返し口・袋口を縫う

a. 返し口を縫う

b. 袋口を縫う
端から2mm程度のところを一周縫う

5. 紐通し口を縫う

左右の紐通し口の上下の位置を結んだ線で、それぞれ一周縫う

※印をつけずに縫うとずれやすいので注意!!

6. 紐を通す

60cmにカットした紐を、左右から通して端を結ぶ

※はさみ式紐通しを使うのがおすすめです。

インド刺繍リボンのこものたち

45 丸型巾着ポーチ

【材料と道具】
- 刺繍リボン（チュール素地のもの）好きなだけ
- 表布 36cm×21cm　・内布 36cm×21cm
- 幅1cm未満のリボン 80cm
- 布用接着剤　・型紙（127ページ）
- 裁縫道具
- 紐通し　・はさみ

【作り方】

1. 好きなチュール素地の刺繍リボンから刺繍モチーフを切り出す

切り出したいモチーフの刺繍糸を切らないように注意

2. 巾着をつくる

a. 布地を型紙に合わせてカットする

b. 表布と内布を中表に重ね、まっすぐの辺を縫う（bを2枚作る）

c. 表布同士、内布同士を合わせて中表に重ね、表布の縫い目から2cmの位置に1cmの紐通し口をあけ、内布に返し口を残して縫いしろ1cmで一周縫う

d. カーブしている部分の縫いしろに1cmおきに切れ込みを入れる

※縫った部分を切らないよう注意

e. 紐通し口の上下1cmの位置に切れ込みを入れ、縫いしろを割る

f. 返し口から表に返し、返し口を縫いとじる

3. 飾りつけ・仕上げをする

g. 左右の紐通し口の位置を結んだ線で、それぞれ一周縫う

a. 刺繍リボンのワッペンの裏側に布用接着剤を薄く塗り、巾着に貼り付ける

b. 紐通しを使い、40cmにカットしたリボンを左右から通して端を一回結ぶ

107

46 フェイクレザーのクラッチバッグ

完成サイズ
30cm×20cm

【材料と道具】

- 8cm幅の刺繍リボン 36cm
- フェイクレザー 45cm×45cm
- 30cmファスナー 1本
- 2cm幅Dカン 1個

【作り方】

1. 布地をカットする

本体パーツ：34cm×42cm
リボンパーツ1：
　　　　　36cm×8.5cm
リボンパーツ2：
　　　　　6cm×11cm
Dカン用パーツ：
　　　　　3cm×6cm

2. フェイクレザーパーツを縫う

※フェイクレザーを縫うときは、レザー用ミシン針・テフロン押さえを使うときれいに縫うことができます。
※フェイクレザーはマチ針を刺してしまうと表面に穴が開いてしまうので、仮止めクリップを使用してください。

a. リボンパーツ1：2か所の長辺を5mm折り畳んで縫う

b. リボンパーツ2：短辺が半分になるように中表にたたんでわきを縫い、表に返しておく

c. Dカン用パーツ：2か所の長辺を5mm折り畳んで縫う

3. ファスナーを縫う

a. ファスナーの端を裏面に向けて折り、折った端の半分だけ斜めに折り返して図のような形に縫い留める

b. フェイクレザーとファスナーの中心に印をつける

c. フェイクレザーとファスナーの中心を合わせ、中表に重ねて縫う

d. 縫いしろをフェイクレザー側に倒し、ファスナーの左右を縫う

・裁縫道具
・仮止めクリップ
・皮用ミシン針
・テフロン押さえ

4. 本体を組み立てる

a. Dカン用パーツにDカンを通し、ファスナーすぐ下の位置に仮止めする

b. 刺繍リボンとリボンパーツ1を3cmずらして重ね、a. のすぐ下の位置に仮止めする

c. 本体を中表にたたみ、わきを縫いしろ1cmで縫う

d. リボンパーツ2を一回ねじる

> ※このとき、刺繍リボン・リボンパーツ1は本体と縫いしろをぴったり合わせる。刺繍リボン・リボンパーツ1は少したるんだ状態になる。

e. 表に返して、刺繍リボン・リボンパーツ1の中心部分に、「d.」を中表にして巻きつけ、縫いしろ1cmで縫う

f. リボンパーツ2を表に返し、刺繍リボン・リボンパーツ1の形を整える

47 スマホショルダーケース

完成サイズ　15cm×20cm

【材料と道具】
- 刺繍リボン 21cm
- 飾り付け用タグやレース 好きなだけ
- 中〜厚手布地 34cm×42cm
- 紐 150cm
- コードストッパー 2個
- フェイクレザー 2.5cm×9cm
- ばねホック 1組
- 裁縫道具
- 手芸用接着剤
- 穴あけポンチ
- ばねホックの打ち具
- はさみ

【作り方】

1. パーツを裁断する

本体（中〜厚手布地）：
　　　21cm×15cm 4枚
タグ（中〜厚手布地）：
　　　4cm×8cm
フェイクレザー：片側の端をカットして形を整える

2. 本体パーツに飾りつけをする

刺繍リボン・飾り付け用レース等を貼り付ける（縫ってもOK）

3. タグをつくる

a. タグの長辺を左右1cmずつ折って縫う

b. 2等分にカットする

4. 本体を組み立てる

a. 本体パーツの表布と内布を中表に重ね、1組は短辺の中心にフェイクレザーパーツをはさんで縫いしろ1cmで短辺を縫う

b. 表に返し、端から2〜3mmの位置を縫う

c. 本体を中表に重ね、二つ折りにしたタグを上から1cmの位置にはさんで縫いしろ1cmで縫う

d. 縫いしろを5mmに切り揃える

5. パーツを取り付ける

e. 表に返し、端から5mmの位置を縫う

a. フェイクレザーと本体に印をつけ、穴あけポンチで穴をあける

b. 打ち具を使ってばねホックを取り付ける

c. タグに紐を通し、コードストッパーを通して紐の端を結ぶ

48 サッシュベルト

完成サイズ　幅5cm、長さ110cm

【材料と道具】
- 5cm幅刺繍リボン　112cm
- 布地　7cm×112cm
- バックル　1個
- 裁縫道具

【作り方】

1.

刺繍リボン裏側の縫い目をほどく

2.

布地と刺繍リボンを中表に重ねて縫いしろ1cmで長辺を縫う

3.

表に返し、アイロンで形を整える

※温度は低～中温で、必ず当て布をする

4. 端を三角に折る

a. 端の片側を内側に折りこむ

b. もう一方も内側に折りこむ

c. 三角形に形を整える

5.

三角の部分と両わきを縫う

6.

バックルの中心部分にパーツを通し、端を2回折って縫う

49 チュールトート

完成サイズ　横42cm（袋口）×縦28cm×マチ10cm

【材料と道具】
- チュール素地の刺繍リボン 88cm
- ハードチュール 50cm×66cm
- 内巻きテープ 76cm
- 合皮持ち手 1組　・8mmハトメ金具 4組
- ハトメ打ち具　・穴あけポンチ
- 裁縫道具　・はさみ

【作り方】

1. 刺繍リボンをハードチュールに縫い付ける

a. ハードチュールの短辺を表側に1cm折り返す

b. ハードチュールの上端表側に刺繍リボンを縫い付ける

2. 本体を縫う

a. ハードチュールを中表に重ね、縫いしろ1cmでわきを縫う

b. 底の角をつまみ、端から5cmの位置に印をつけて縫う

c. 縫いしろ1cmの位置でカットする

d. 内巻テープでわきと底の縫いしろをくるんで縫う

※わきの縫いしろは底から1cmの位置に切れ込みを入れる

3. 持ち手を付ける

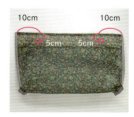

a. 本体のわきから10cm、袋口から5cmの位置4か所に印をつける

b. 合皮持ち手の端から1cmの位置に印をつける

c. 印の位置すべてに穴あけポンチで穴をあける

d. 本体と合皮持ち手の穴の位置を合わせ、ハトメ金具を取り付ける

50 おでかけトートバッグ

完成サイズ　縦27cm×横34cm×マチ14cm

【材料と道具】
- 好きな刺繍リボン 17cm 3～5本（並べた幅が15cmになる本数）
- 11号帆布（白：幅60cm×長さ100cm、差し色：幅60cm×100cm）
- 内布（薄手）50cm×79cm
- ハード接着芯 幅100×長さ70cm
- ばねホック 3組　・裁縫道具　・仮止めクリップ
- アイロン　・穴あけポンチ　・ばねホック打ち具　・はさみ

【作り方】

1. パーツを裁断する

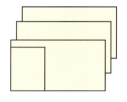

a. 接着芯を裁断する
本体：
　横48cm×長さ22cm 2枚
見返し：
　　　横48cm×5cm 2枚
ポケット：
　　　15cm×15cm 1枚
底：横48cm×長さ24cm 1枚

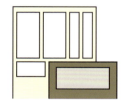

b. 接着芯を貼る
接着芯の本体・見返し・ポケットのパーツは白の帆布に、接着芯の底パーツは差し色の帆布にアイロンで貼り付ける

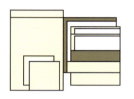

c. 生地を裁断する
白の帆布
本体：50cm×24cm 2枚
見返し：50cm×7cm 2枚
ポケット：17cm×17cm 1枚
持ち手：5cm×100cm 2枚
差し色の帆布
底：50cm×26cm 1枚
持ち手：5cm×100cm 2枚
内布
本体：50cm×62cm
ポケット：17cm×17cm

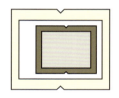

d. カットした生地の長辺の中心に印をつける
印をつけるパーツ
白の帆布：本体、見返し、
　　　　　ポケット
差し色の帆布：底
内布：本体、ポケット

2. 持ち手を作る

a. 持ち手パーツの長辺を左右1cmずつ折り返してアイロンをかける

※帆布は厚みがあってマチ針が打ちにくいので、仮止めクリップを使って固定する

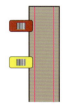

b. 白・差し色の持ち手パーツを外表に重ねて仮止めクリップでずれないように固定し、わきを縫う

3. ポケットを作る

a. 帆布のポケットパーツ表側に刺繍リボンを並べて縫い付ける

b. 「a.」と内布を中表に重ね、上の辺のみを縫いしろ1cmで縫う

※横向きに縫い付ける場合、表布の上側は1.2cm、下側は1cm縫いしろをあける
※縦向きに縫い付ける場合、表布の左右1cm縫いしろをあける

4. 持ち手とポケットをつける

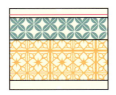 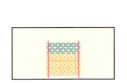 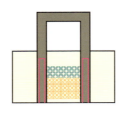 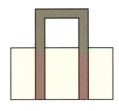

c. 表に返し、上端から1mmの位置を縫う

a. 本体パーツとポケットパーツの中心を合わせてポケットパーツを縫い付ける

b. 持ち手パーツをポケットパーツに1cm重ね、端から2mmの位置を縫う

※本体パーツの上端から3.5cmの位置でコの字に縫い進み、底の端までひとふでに縫う

c. もう一枚の本体パーツは、中心から左右7.5cmの位置に持ち手パーツを縫い付ける

※本体パーツの上端から3.5cmの位置でコの字に縫い進み、底の端までひとふでに縫う

5. 本体を縫う

 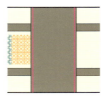  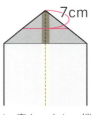 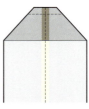

a. 本体パーツ2枚と底パーツ1枚を中表に重ね、中心を合わせて縫いしろ1cmで縫い合わせる

b. 縫いしろを底側に倒し、端から2mmの位置を縫う

c. 中表にたたんで両わきを縫いしろ1cmで縫う

d. 底をつまんで端から7cmの位置に印をつけて縫う

e. 縫いしろを1cm残してカットする

6. 内袋を縫う

   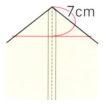 

a. 見返しパーツと内布本体パーツを中表に重ねて縫いしろ1cmで縫う

b. 縫いしろを帆布側に倒し、端から2mmの位置を縫う

c. 中表にたたみ、わきを縫いしろ1cmで縫う

d. 底の角をつまみ、端から7cmの位置に印をつけて縫う

e. 縫いしろ1cmの位置でカットする

7. 本体を組み立てる

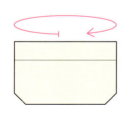 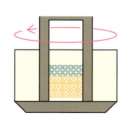 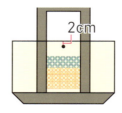 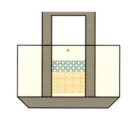

a. 外表にした表側パーツを内側に、中表にした内袋パーツを外側にして重ね、返し口を残して袋口を縫いしろ1cmで一周縫う

b. 返し口から表に返し、袋口から2mmの位置を一周縫う

c. 本体の中心、上から2cmの位置に印をつけて穴あけポンチで穴をあける（前後1か所ずつ）

d. 打ち具を使ってばねホックを取り付ける

51 裾に刺繍リボンをあしらったギャザースカート

完成サイズ
ウエスト70cm、丈80cm

【材料と道具】

- 刺繍リボン 220cm
- 布地 長さ174cm×幅110cm
- 8mm幅平ゴム ウエスト寸法2倍の長さ
- 裁縫道具
- ほつれ止め液
- アイロン　・はさみ

【作り方】

1. 布地をカットする

a. 布地を87cm×110cmにカットする（2枚）

b. 刺繍リボンを110cmにカットする（2本）

c. 刺繍リボンの端にほつれ止め液を塗る

2. 刺繍リボンを縫い付ける

a. 裾部分（長辺の片側）を表側に1cm折り返してアイロンをかける

b. 刺繍リボンの長辺2か所を縫い付ける

3. わきを縫う

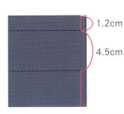

a. ゴム通し口（上端から1.2cm～4.5cm）を残して縫いしろ1cmでわきを縫う

b. ゴム通し口の縫いしろを割ってアイロンをかける

4. ゴム通し部分を縫う

a. 端から1.2cm、4.5cmの位置で折ってアイロンをかける

b. 折り返した端から2mmの位置を一周縫う

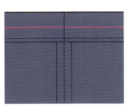

c. 縫い目から2.2cm上の位置を一周縫う

5. ゴムを通す

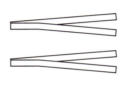

a. ゴムを半分にカットする

b. ゴム通し口からゴムを通し、ゴムの両端を重ねて縫う

52 エプロン

【材料と道具】
- 5cm幅の刺繍リボン 74cm
- 11号帆布 幅80cm×長さ150cm
- 裁縫道具
- アイロン
- はさみ

【作り方】

1. パーツを裁断す

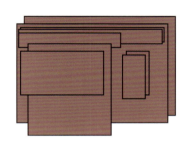

胸：上辺27cm×底辺30cm×高さ27cmの台形 1枚
見返し：上辺27cm×底辺29cm×高さ13cmの台形 1枚
腰：74cm×7cm 1枚
すそ：37cm×57cm 2枚
ひも：6cm×150cm 2枚
ループ：6cm×10cm 2枚

※胸パーツ底辺、腰パーツ上下の中心にノッチを入れる

2. 肩ひも・ループをつくる

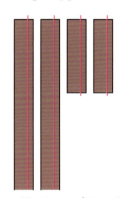

a. 肩ひも・ループパーツを中表にして縫いしろ1cmで縫う

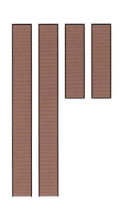

b. 表に返し、アイロンで形を整える

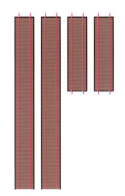

c. 端から2mmの位置を縫う（両わき）

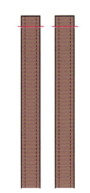

d. 肩ひもパーツの片方の端を2回折って縫う

117

3. 胸部分を作る

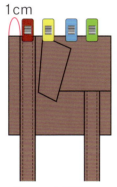 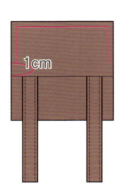  

a. 胸パーツと見返しパーツを中表に重ね、上辺わきから1cmの位置に肩ひもをはさむ

b. 縫い始め・縫い終わりに1cm残して縫う

c. 角を落とす

d. 表に返し、見返しの底辺を内側に1cm折りこみ、切りっぱなしのわきを三つ巻にしてアイロンをかける

4. 裾部分を作る

 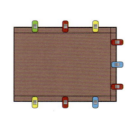 

e. 端から2mmの位置を縫う

a. 裾パーツの3辺を三つ巻きにしてアイロンをかける（2枚とも）

b. 端から2mmの位置を縫う

5. パーツを組み立てる

a. 腰パーツの長辺を1cm内側に折ってアイロンをかける

b. 裾パーツを中心で2cm重ねて上部で仮止めする

c. 裾パーツと腰パーツを外表に重ねて上辺を縫いしろ1cmで縫う

d. 胸パーツと腰パーツの中心を合わせて外表に重ねて縫いしろ1cmで縫う

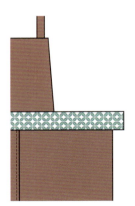

e. 上下の縫いしろを腰パーツ側に倒し、刺繍リボンを仮止めする

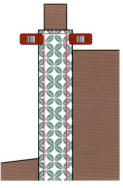

f. 刺繍リボンと腰パーツの短辺を1cm折り返し、半分に折ったループパーツをはさんで腰パーツのふちを一周縫う

g. 裾パーツの重なっている部分を上から14cm縫い留める

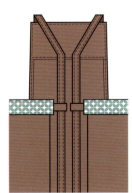

h. 肩ひもをループに通す

119

型紙　*17* ロゼットブローチ リボン台紙

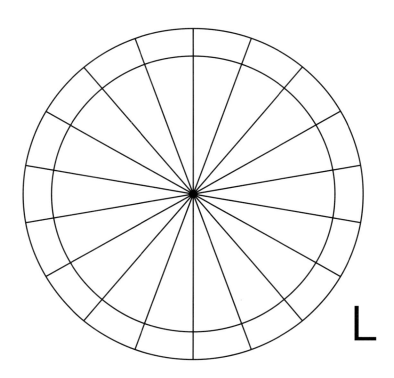

L

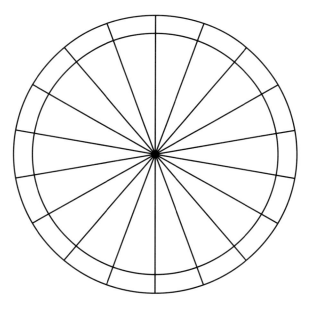

M

縮小率 100%

24 ティーコゼー&マット

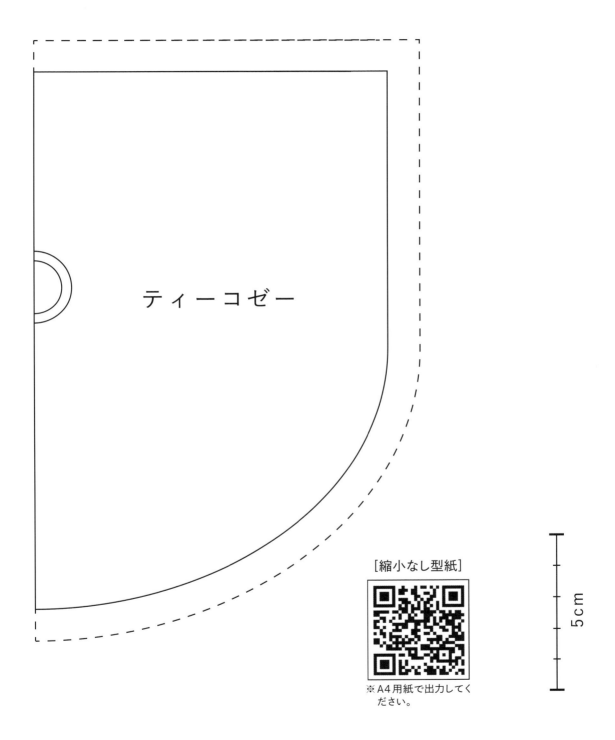

[縮小なし型紙]
※A4用紙で出力してください。

5cm

縮小率 85%

24 ティーコゼー&マット

縮小率 80%

31 三角コインケース

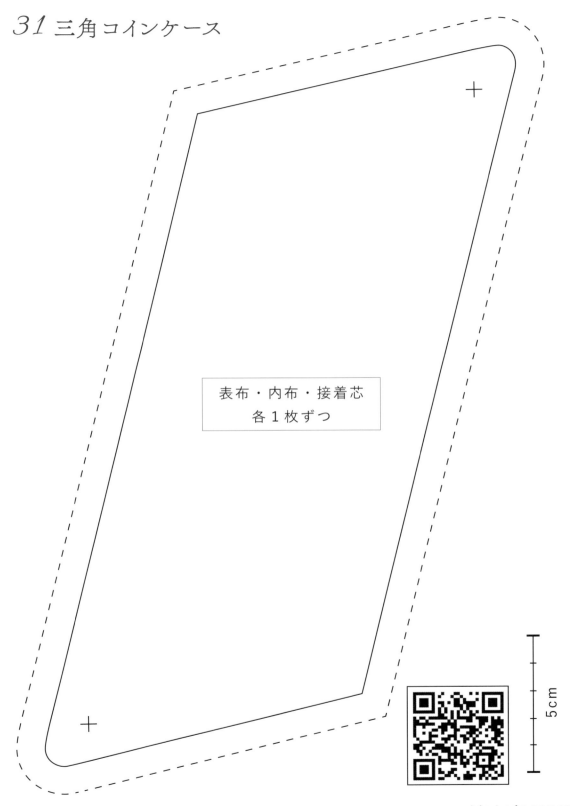

表布・内布・接着芯
各1枚ずつ

5cm

縮小率 75%

34 キーケース

接着芯
1枚

フェイクレザー
1枚

縮小率 100%

35 フラップペンケース

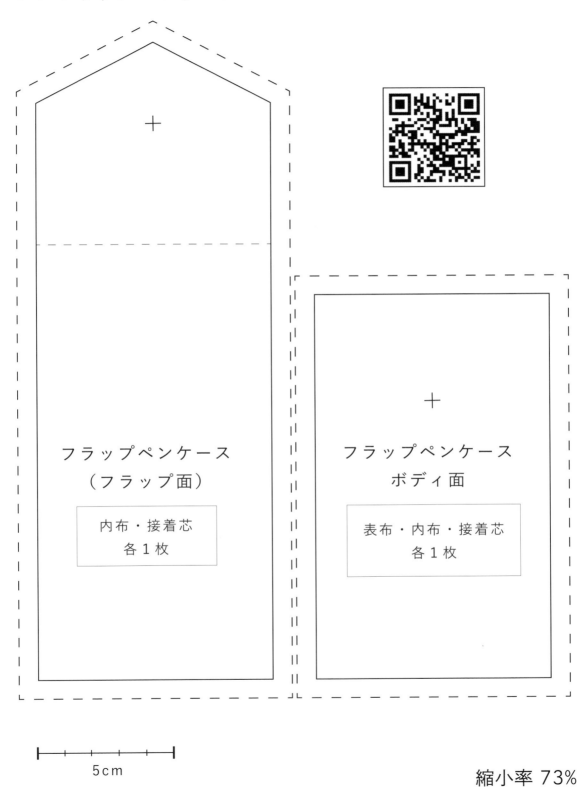

縮小率 73%

37 ロールペンケース

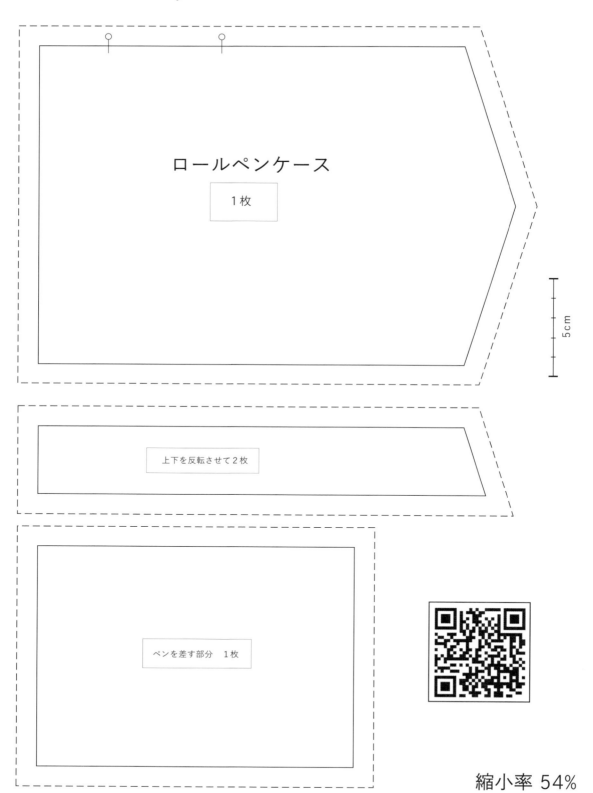

縮小率 54%

45 丸型巾着ポーチ

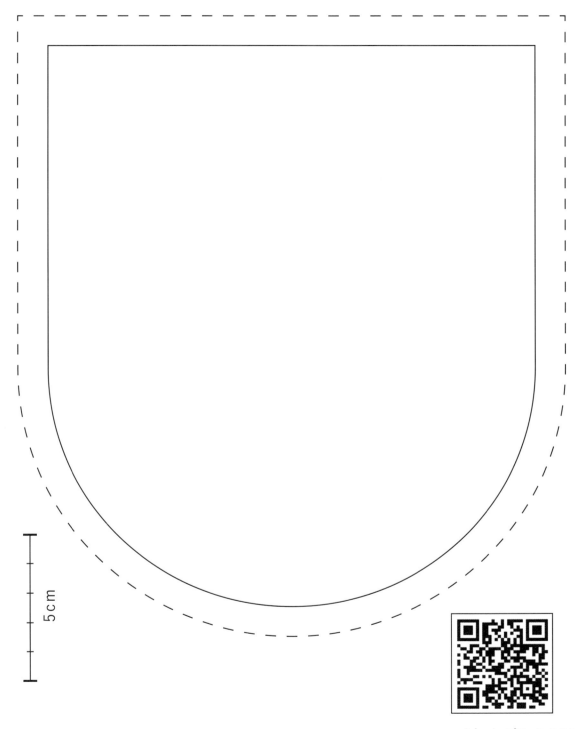

5 cm

縮小率 80%

インド刺繍リボンのこものたち

2024年10月23日初版第1刷発行
2024年11月14日初版第2刷発行
2025年3月9日初版第3刷発行

著　者　　宮田彩織

発行者　　竹内尚志

発行所　　株式会社自由国民社
　　　　　〒171-0033　東京都豊島区高田3-10-11
　　　　　電話　（営業部）03-6233-0781
　　　　　URL　https://www.jiyu.co.jp/

印刷所　　株式会社シナノ

製本所　　加藤製本株式会社

Ⓒ 2024 Printed in Japan ISBN 978-4-426-13021-3

STAFF

装　丁　　　　　　　　田村梓（ten-bin）
本文デザイン&DTP　　株式会社シーエーシー
撮　影　　　　　　　　Enzo
編　集　　　　　　　　黒沢 美月

●乱丁・落丁本はお取替えいたします。本書の全部または一部の無断複製（コピー、スキャン、デジタル化等）・転訳載・引
用を、著作権法上での例外を除き、禁じます。ウェブページ、ブログ等の電子メディアにおける無断転載等も同様です。
これらの許諾については事前に小社までお問合せください。また、本書を代行業者等の第三者に依頼してスキャンやデジタル
化することは、たとえ個人や家庭内での利用であっても一切認められませんのでご注意ください。